女人，為什麼總想要出走

Women, We All Wanna Run

Prin
每個女孩
都是一
公

學會在軟弱之後堅強，在哭泣之後微笑，在彷徨之後樹立信心

如果妳沒有傲人的外貌，也不要為此耿耿於懷

是不是牡丹並不重要，重要的是開好屬於自己的那朵花

抬起獨一無二的面容，綻放燦爛怡人的微笑，每一朵花都可以風華絕代

完全可以透過不斷修煉、完善自己的口才，來為妳的魅力加分

郭書渝 編著

人生視野：29

女人，為什麼總想要出走

編　　著　郭書渝
出 版 者　大拓文化事業有限公司
執行編輯　林于婷
美術編輯　林子凌

總 經 銷　永續圖書有限公司
劃撥帳號　18669219
地　　址　22103　新北市汐止區大同路三段一百九十四號九樓之一
TEL　(〇二)八六四七—三六六三
FAX　(〇二)八六四七—三六六〇
E-mail　yungjiuh@ms45.hinet.net
網　址　www.foreverbooks.com.tw

CVS代理　美璟文化有限公司
TEL　(〇二)二七二三—九九六八
FAX　(〇二)二七二三—九六六八

法律顧問　方圓法律事務所　涂成樞律師

出 版 日◇二〇一二年七月

國家圖書館出版品預行編目資料

女人，為什麼總想要出走 / 郭書渝編著. -- 初版.
-- 新北市 : 大拓文化, 民101.07
面 ;　公分. -- (人生視野系列 ; 29)
ISBN 978-986-6145-78-0(平裝)
1.自我實現 2.生活指導 3.女性
177.2　　101009371

前言

Foreword

在當今時代，女人可以被稱爲是一道風景。但是風景也有高低之分，身爲女人，我們怎樣才能讓自己成爲一道令人賞心悅目、流連忘返的美麗風景呢？

——智慧！只有擁有智慧的聰明女人才是讓人一讀再讀、回味無窮的魅力女人。

每個女人都羨慕美女，但是，美女絕不是天生的，美女是文化、教養、品味和勤奮努力塑造出來的。天生麗質是指一個女人的天生資質優秀，但是如果沒有良好的氣質、修養，長得再漂亮，也沒有什麼魅力可言。

魅力需要內外兼修，素養和氣質主導著妳的魅力。天生的美人胚子很多，但是無知、貧困和愚昧毀了很多人。我們經常會見到很多漂亮的女孩子，在社會上很難找到適合自己的位置。

所以，只有既聰明又具有魅力的女人才是這個世界永恆美麗的景致。魅力是一種複合的美，是透過後天的努力與修練達成的美，它不僅不會隨年齡的改變而消失，反而它會在歲月的消磨之中日臻香醇久遠，散發出與生命同在的永恆氣息。

生活中我們往往看到這樣一種現象，那些讓我們感受到魅力、動人心弦、耐人尋味的女人，那些言行舉止值得我們關注的女人，往往並不是貌美驚人的女人。唯有魅力，是任何一個女人都可以爭取和擁有的。

身為聰明的女人，想打造自己獨一無二的魅力——不錯的職業、友好的社交圈、健康的心態，一樣都不能少。

女性在自己的生活圈裡，必須有一定的收穫，榮譽、財富、地位、愛情，雖然都離不開機遇，更離不開個人的努力。

身為女人，沒必要非得去做一番驚天動地的事業，每個女人的個性、才能和願望都不盡相同，追求有所區別，生活和事業的天地也有所不同，無論做任何事必定全力以赴，可以贏在工作上，也可以贏在友情上、婚姻上和為人處世上。

總之，在任何地方、任何領域、任何目標的競爭中，贏家肯定是聰明的女人。

幸福第一站

尋找自我

女人需要愛情、親情，需要美麗、智慧，需要家庭，也需要事業…女人需要的很多，但是女人最需要的，就是自我。

女人可以軟弱、哭泣、徬徨，但是要成為一名成功的女人，一定要學會在軟弱之後堅強，在哭泣之後微笑，在徬徨之後建立信心。所以，女人必須審視並戰勝自我，只有自立自強、自食其力的女人才能擁有永恆的魅力！

女人，為什麼總想要出走

Women, We All Wanna Run

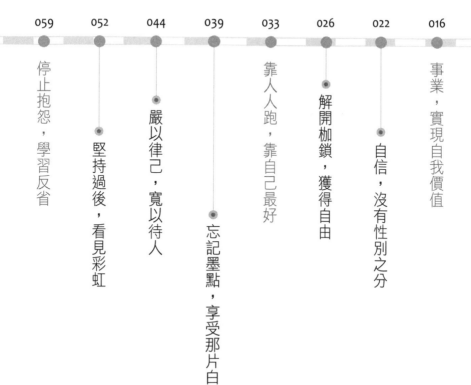

幸福 第二站

成長蛻變

現代的女性在學習、生活、工作、家庭上爭強好勝，不願意輸給任何一個人，對自己的要求不斷的增加，逐漸成為女強人。

堅強是女人挑起身上重擔的資本。然而，老子說「柔弱勝剛強」世間至柔者是水，至硬者是石，然水滴石穿，石有損而水無耗。水是柔弱者力量的象徵，它從不與人爭強鬥勝，一如女性與生俱來的平和與柔美。

聰明的女人懂得把堅強和柔美結合，並且發揮得淋漓盡致。

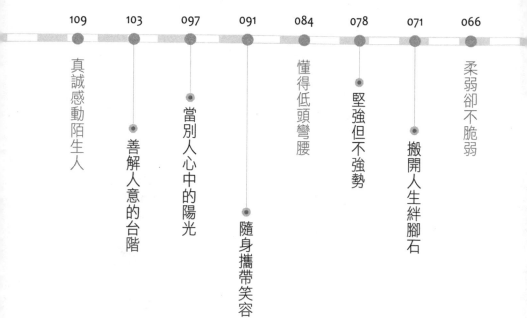

幸福第三站

裝傻哲學

「裝傻」是一種境界，是聰明女人的處世哲學。

「裝傻」並不是對人唯唯諾諾、忍氣吞聲，任何事情都有它的模糊地帶，而「裝傻」就是換一種方式，將生活中遇到的問題模糊處理。這也是老子所謂「大智若愚」的觀點，這才是真正的智慧。

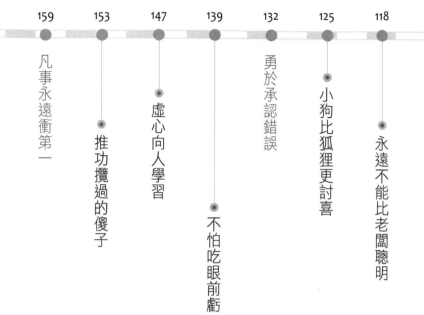

第四站

幸福處世指南

語言是連接人與人之間的紐帶，紐帶質量的好壞，直接決定了人際關係的和諧與否，進而會影響到事業的發展以及人生的幸福。尤其對於女人，卓越的口才、有技巧的説話方式，不僅是家庭幸福的法寶，更是事業披荊斬棘的利劍，還是增加自身魅力的砝碼。

女人的形象固然重要，但是同樣不可忽視的是女人的口才。

身為女人，如果沒有傲人的外貌，也不要為此耿耿於懷，妳可以透過不斷練習，完善自己的口才，來為妳的魅力加分。

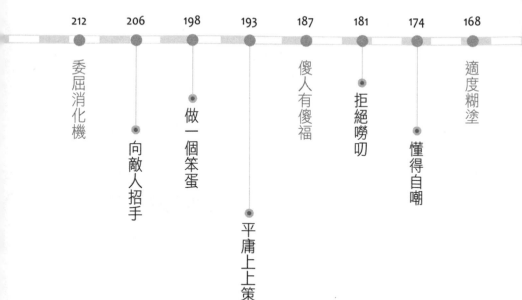

幸福第一站

尋找自我

女人需要愛情、親情，需要美麗、智慧，需要家庭，也需要事業…女人需要的很多，但是女人最需要的，就是自我。

女人可以軟弱、哭泣、徬徨，但是要成為一名成功的女人，一定要學會在軟弱之後堅強，在哭泣之後微笑，在徬徨之後建立信心。所以，女人必須審視並戰勝自我，只有自立自強、自食其力的女人才能擁有永恆的魅力！

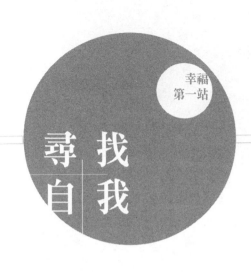

04 處世指南

03 裝傻哲學

02 成長蛻變

事業，實現自我價值

那些自己辛苦工作，不靠老公養的女人，放著舒服的日子不過，其實有點傻。既要有事業，也要嫁得好，魚與熊掌兩者都要兼得，這才是聰明的現代女性對於婚姻的條件。

職業對於女性的情感生活有著特殊的影響，它不僅參與塑造女性的性格，也影響到了她們生活的品質。白領階級的女性，多數經濟獨立、有主見，對生活品質有自己的要求。

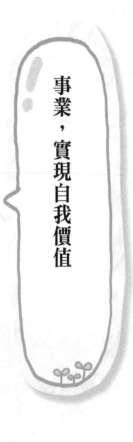

一個沒有工作的女人，即便有經濟後援，在人格上也不夠獨立。現代社會，男人們的負擔越來越重，因而男性已經越來越鍾情於感情與經濟上雙重獨立的女性，他們更需要的是一個能與他分擔的女人。

一個獨立的女人，以身為「職業女性」為榮，她意識到工作帶來的經濟自主，成就了獨立的自我。藉著工作與經濟的後盾，讓自我活得規律、滋潤與豐富，個性上的魅力便是從此延伸。

當女人擁有屬於自己的工作，並保有自我，也就有了處世的平等地位。幾乎所有的都市女性都認同這一觀點：人格獨立才算是獨立的女人。

認真讀書，充實內涵，有一份適合自己的工作，生活在自己的世界裡，那麼妳就能活出屬於自己的滋味——獨立、自我、從容、恬淡。世界就在妳的心靈裡存在，妳又可以在世界裡自然行走。

聰明的女人擁有自己的事業，因爲她們知道依靠別人永遠無法得到真正的安全感，自食其力才是上策。聰明的女人不會讓自己過著米蟲的生活——每天就是吃飯、閒晃，無所事事，看似自由、無拘束的生活其實它的本質是空虛與墮落。聰明的女人早已經明白這個道理，她們會爲自己找到一份適合而又快樂的職業，既是立身之本、也是表現自我價值的平台。

女人應該擁有一份自己的事業，並不是指妳非得要做出驚天動地的事，而是妳應該有一份自己喜歡做的工作，喜歡的事情並持之以恆的做下去，而且做得好，能供給自己的生活所需。同時，也應該擁有自己的朋友、有自己忙碌的事，一步步、一點點感受著自己也是社會的一份子，有時候忙碌也是一種充實，一種需要。忙碌不僅能讓妳在社會上奠定自己的價值，還能讓妳更進一步認識自己，肯定自己，沒有什麼是比認同自己更重要了。

一直以來，人們總習慣於把女人的命運與婚姻聯繫在一起，以婚姻成功指數來衡量女性是否幸福。「男怕入錯行，女怕嫁錯郎」事業似乎只是男人的專利，而女人卻是它的絕緣體。

有些女性選擇當家庭主婦，在家庭中覺得很幸福，做一些能力所及的家務事，就算曾是學校、社會上的得力人才，自從有了婚姻，就選擇躲在老公的肩膀下過著安逸的生活而感到滿足。當時間飛逝，漸漸被家庭阻斷與外界的聯繫，失去朋友、信心、自我，甚至自己也會慢慢被社會淘汰。

在學校被票選為校花的凱莉，結婚後就將自己的幸福完全託付給丈夫。但是，結婚僅僅三年，凱莉就面臨著離婚的困境。她沒有工作，丈夫自然經濟壓力變大——養育兩個小孩，家裡的開銷，想給家人過好日子。當男人被壓得喘不過氣的時候，最後，提出了離婚。

凱莉感到世界末日般，哭著拒絕。但無論怎麼說，丈夫還是離開臺灣去了香港。沒有了丈夫的凱莉不知道日子該怎麼過下去，只好借錢帶著孩子去香港找丈夫，告訴他只要不離婚，什麼都聽他的。

實際上，凱莉並不想這樣做。但是，她沒有工作經驗，而香港物價太高，生活步調太快，家裡還有兩個小孩準備上學需要一筆錢，借錢租房子並非長久之計。但是若回臺灣，丈夫可能離自己越來越遠了。除了哭泣、苦苦哀求之外，凱莉不知道還能怎麼做。

在倡導不斷追求自身價値的今天，一些女性開始在婚姻之外尋找自己的事業與獨立人格，婚姻不再是現代女性生命中唯一重要的選擇和歸宿，事業才是女人成功和獨立的基石。一個女人，只要有一份穩定的工作與健康的人格，總會遇到理想的配偶，而最後可以爲妳揚眉吐氣的人，並不是丈夫，而是自己。

潘潘在大學時期認識了她現在的老公阿程，那時候阿程剛開始經營一家小工廠，生意沒有什麼起色。大學畢業後潘潘不顧家人反對嫁給了阿程，並和阿程一起在事業上打拚。當生意日漸興隆，收入越來越多時，阿程有了外遇，並提出了離婚。失去婚姻的潘潘不願意再為那個男人哭泣，她要在社會上重新找到自己的位置。

離婚後，幾乎一無所有的潘潘開設了一家代理公司，經過一年多奔波，生意開始漸入佳境。就在此時，阿程又找到了她。

面對曾經的愛人，她只是說：「我知道我需要自己的事業，有了事業，才有資格對一個男人說不！」這句話，雖然感傷，但並不沉重。

有一位成功的女性曾經表示，她不介意花老公的錢，但也絕不做家庭主婦，她認爲那樣風險太高。依附型的女人把幸福寄託在別人對自己的態度上，完全看人臉色過日子，這是她絕對不能接受的。

人生就這麼一次，不要用賭博的方式來策劃幸福，在追求幸福的同時追求自己的事業，那樣妳的幸福可能更有保障一些。現代人的感情往往變化很快，尤其是那種所謂的成功男性受到的誘惑更多，女人必須擁有自己的事業以實現自己的人生價值。

聰明的女人一定要明白事業之於自己的重要意義，女人擁有屬於自己的事業並不是爲了金錢、職位，而是爲了擁有安身立命的根本，擁有自信自立的基礎，擁有展現自我的舞台。

聰明的女人，會用自己的智慧，堅持維繫自己人生中不可或缺的重要部分——事業。

自信，沒有性別之分

像所有女性一樣，聰明的女人也有犯錯誤的時候，但是，和平凡女人不一樣的是，這些女人在失敗的時候，從來不會說諸如「我要是男人就好了」「性別歧視讓我不能成功」之類的話。

聰明的女人會從自身出發，尋找問題所在，會透過改變自我來適應社會，而不會把失敗歸咎於性別。

有一句話說得好：「你也許不能控制他人，但你可以掌握自己；你也許不能左右天氣，但你可以改變心情。」

這正是置身現代社會的女性應該具備的心理素質。妳或許無法減輕工作的負荷，更無心去改變原本糟糕的人際關係，那麼妳何不從自身出發，排除個人心智中的種種障礙，進而使自己不斷闊步向前，贏得成功呢！

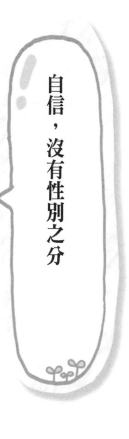

很多女人常常以自己是女性爲藉口，往往把這些錯誤歸因於性別，導致女性的屢屢失敗。

海蒂在一家廣告公司擔任文案工作，然而她的專長是平面設計，對色彩和構圖的感覺極為準確和到位。

她很不情願的參與團隊的文案工作，卻不敢向老闆提出自己的想法和期望從事的職務，進公司已經超過半年了，她依然在做試用期的工作。

事實上，她心裡真的很想做設計，看著同事們完成一個又一個廣告創意與平面企劃後那份開心和滿足，她的內心很不是滋味，她認為自己絕對可以做得比他們更出色。但是她又不知道該如何向老闆說明她的想法，她相信老闆總有一天會看到她的專長。

一年過了一年，海蒂直到今天也沒有接過任何一個設計案子。

可見，一味被動的等著別人來發現自己是極不明智的想法。

在工作上，妳除了要努力做出優異的業績之外，更應該設法讓上司知道，當然這並不是讓妳無論大小事都要向上司呈報，而是要學會適時的表現自己，因爲妳的付出應該獲得相對的回報。

青青是電腦公司客戶服務部的助理，因為公司上上下下男同事較多，青青無形中成為一朵眾人爭捧的花，再加上個性活潑外向，更成為公司裡無可替代的一顆明星，因此也產生了不少是非，沒過多久，便充斥了整個辦公室——青青成了一個被人議論的中心。

最可悲的是，青青交往了三年的男朋友，由於一些議論和她陷入冷戰狀態。青青因此極為苦惱，原本想在這家公司做出一番事業的想法，此時已完全被淹沒了，無奈的她不得不提早收兵，離開這一是非之地。

事實上，青青的遭遇並不是一個特例，身處職場的女性多少都會碰到跟男同事、男客戶共事的情況，怎樣處理好與異性的關係，不但關係到妳在旁人眼中的形象，還會影響到妳的情緒。其實很簡單，只要保持距離，但又不失親切，既不要使男人認為妳是個不近人情的女強人，也不要給人有機可乘的柔弱錯覺，最重要的是，盡可能杜絕辦公室戀情的發生。

聰明的女人懂得如何運用自己的性別，發揮最大的價值。她們知道什麼時候該顯示女性特有的魅力，她們更知道什麼時候該「忘記」自己的性別。

當面對困難的時候，不會因為自己是女性而退縮不前；當面對挫折的時候，不會因為自己是女性而妄自菲薄；當遭遇失敗的時候，更不會把原因歸咎於自己是個女人。

從自身出發，從改變自己開始，這才是一個女人走向聰明成熟的必經之路！

解開枷鎖，獲得自由

讓潔西一輩子都忘不了的事——她三年級時的一次午餐時間。

在學校即將要舉行的話劇表演中，美麗的潔西被選為扮演劇中的公主。接連幾天，媽媽都煞費苦心與她一起練習台詞。可是，無論她在家裡表達得多麼自如，一站上舞台，她腦裡的台詞全都消失得無影無蹤了。

最後，老師只好叫潔西先去旁邊休息。老師說，她為這齣戲增加了一個旁白者的角色，請潔西試試看。雖然老師婉轉的解釋，還是深深的刺痛了潔西，尤其是看到自己的角色換成另一個女孩演的時候。

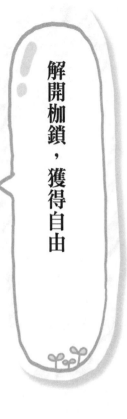

那天回家吃晚餐時，潔西並沒有把發生的事情告訴媽媽。然而，媽媽卻察覺到了她的異狀，沒有再提起練習台詞的事，而是問她是否想到院子散步。

那是一個明媚的春日傍晚，棚架上的薔薇藤正泛出亮麗的新綠。潔西看見媽媽在一棵蒲公英前彎下腰。

「我想我得把這些雜草統統拔除。」媽媽說著，用力將它連根拔起。「從現在起，我們的庭院裡就只有薔薇了。」

「可是我喜歡蒲公英，」潔西抗議道，「所有的花都是美麗的，哪怕是蒲公英！」

媽媽表情嚴肅的盯著她看。「對呀，每一朵花都以自己的風姿帶給人愉悅，不是嗎？」媽媽若有所思的說。

潔西點點頭，開心自己戰勝了媽媽。

「對人來說也是如此。」媽媽又補充道，「不可能人人都當公主，但那並不值得羞愧。」

潔西發現媽媽猜到了自己的痛處，她一邊告訴媽媽發生了什麼事，一邊放聲哭泣起來。

媽媽聽完之後釋然一笑，「但是，妳將成為一個出色的旁白者。」並提醒潔西自己是如何愛聽潔西朗讀故事，「旁白者跟公主的角色一樣重要。」

並不是每一朵花都能出落成嬌艷的玫瑰、雍容的牡丹，但是所有的花都是美麗的，哪怕只是蒲公英。

每一朵花都能以自己的姿態爲這個世界增添一抹亮麗，即便是幽谷裡的百合、荒野中的小花。是不是牡丹並不重要，重要的是開好屬於自己的那朵花，抬起獨一無二的面容，綻放燦爛怡人的笑容，每一朵花都可以風華絕代。

或許妳覺得自己長得不夠美，但任何生理或者心理上的缺陷，都不足以控制一個人，讓妳不得自由。除非是妳自己把它們當作枷鎖，鎖住了自己。

世界上沒有完美的事，沒有完美的人，每個人都有缺陷，重要的是揚長避短，讓身心獲得自由，才能瀟灑的面對生活。相信「旁白者跟公主的角色一樣重要」的女孩，才能擁有寶貴的自信，最終並能獲得公主般高貴的風度。

英國作家夏綠蒂，很小就認定自己會成為偉大的作家。中學畢業後，她開始向成為偉大作家的道路努力。當她向父親透露此一想法時，父親卻說：「寫作這條路太難走了，妳還是專心教書吧。」

她寫信給當時的桂冠詩人羅伯特・騷塞，兩個多月後，她收到了日日夜夜期盼的回信。信中這樣寫著：「文學領域有很大的風險，妳那習慣性的遐想，可能會讓妳思緒混亂，這個職業對妳並不合適。」

但是，夏綠蒂並沒有就此罷休。她對自己在文學方面的才華非常有自信，不管有多少人在文壇上掙扎，她堅信自己會脫穎而出——她要讓自己的作品出版。

終於，她先後寫出了長篇小說《簡愛》、《教師》，成為了公認的著名作家。

如果她當初對自己沒有足夠的自信，她這一生只是個默默無聞的教師，世界文學史上也就少了很多文學傑作。人生就好像一場球賽，外在的球技固然是贏球的因素，而內在的心靈力量卻是決定能否完全發揮球技的關鍵。對失敗的恐懼和對成功的懷疑，只是讓自己與成功分道揚鑣。

當妳相信自己的能力時，成功就在不遠處。

若妳是一個情商低的女人，那麼自卑會讓妳加倍努力，結果終將變得出色。因爲看見自己的不足，使妳更加上進，然後不斷的尋找自己的突破點。

有個叫西格的女人，自從接連生了三個孩子之後，就整天煩躁不安——四歲的孩子整日玩鬧，十九個月大的孩子整夜哭叫，還有一個嬰兒需要不斷的餵奶。那一段日子，西格的精神就快要崩潰了，長期的睡眠不足使她無法正常的看待周遭的世界，也無法正常的看待自己。她甚至懷疑自己天生就「低能」，連幾個孩子都照顧不了，以後還能做什麼呢？

這時候，她的朋友海倫從另外一個城市託人給她帶來一份禮物。她打開一看，是一個裝飾得很漂亮的陶瓷容器，上面還貼著一個標籤，寫著：「西格的自信罐，需要時使用。」罐子裡面裝著幾十個用淺藍色的紙條捲成的紙卷，每個小紙捲上都寫著海淪送給西格的一句話。西格迫不及待的打開每一個，只見上面分別寫著：

「上帝微笑著送給我一件寶貴的禮物，她的名字叫『西格』；我珍惜妳的友誼；我欣賞妳的執著；我希望住在離妳的廚房只有十步之遠的地方；妳很好客；妳有寬廣的胸懷；妳是我願意一起在一家百貨公司逛上一整天的那個人；妳做什麼事都那麼仔細，那麼任勞任怨；我真的相信妳能做好任何妳想做的事情；我給妳提兩點建議：第一當妳完成一件自己想做的事情，或者得到別人的稱讚和肯定的時候，就寫一張小紙條放在這個罐子裡。第二，當妳遇到困難和挫折，或者有點心灰意冷的時候，就從這個罐子裡，拿出幾張紙條來看看。」

讀到這裡，西格的眼眶濕了。因為她深深的感覺到，她正被別人愛著，被別人關心著，困難只是暫時的，自己也是很棒的。從那天以後，西格把這個「自信罐」擺在最醒目的地方，只要遇到壓力和困難，就情不自禁的伸手去摸。

兩年以後，西格當了一所幼稚園的園長，很多家長都願意把孩子送到她這家幼稚園，因為她能激發孩子們的自信。

妳也可以像故事中的主角一樣，學習怎樣自我肯定。如果能做到這樣，妳會由內而外散發出一份自信，這種自我欣賞並不是孤芳自賞，這份信心能令妳在為人處事上從容、大器，不陷入世俗的漩渦中。

想想知名藝人「肥肥」沈殿霞，依照一般世俗的審美觀，她既沒有漂亮的容貌也沒有迷人的身材，可是從她的臉上明顯可以看到一種獨特的自信，正是這種自信讓她散發出自己獨特的魅力。女人的自信緣於對自己以及對他人正確的認識，也只有當女人具備自信但不張狂的內在美時，她才真正稱得上是美女。

沉魚落雁、閉月羞花的容貌及魔鬼般的身材，這兩者都與成功沒有絕對的關係，它們卻偏偏是幾乎所有女人都最看重的東西。如果妳擁有，固然可喜，如果沒有，也大可不必沮喪，做一個相信「旁白者的角色跟公主一樣重要」，相信「蒲公英和玫瑰一樣漂亮」的傻女人，妳就一定能活出自己的風格，讓自己充滿活力，成為一個具有魅力的女人。

靠人人跑，靠自己最好

生活中很多時候需要別人的幫助，但真正能依賴的只有自己，因此，獨立是女人必須具備的品格。獨立的女人好比黑夜裡的鬱金香，默默的散發著屬於自己的一縷芬芳。

對女人來說，精神獨立最為重要，因為男人活在物質中，女人卻活在精神裡。女人的精神世界是在神祕和豐富的內心裡面，女人可以在自己的精神世界中建立起一個美好的王國，假若女人的精神世界被別人支配，那是十分悲哀的事。

個格獨立也是獨立的重要部分，在柔情似水的外表下，跳動著一顆堅強的心。

獨立的女人在遇到危機時不會嚇得臉色蒼白，不知所措，甚至痛哭流涕，往男人的胸膛裡鑽，甚至用眼淚當作捍衛自己的武器。獨立的女人，有主見、有能力，可以運用智慧克服、化解危機，也懂得在適當時機安慰男人，並且顧慮到男人的自尊，獲得他真心的喜愛。

女人不是男人的附屬品，應該懂得透過交友、閱讀、休閒娛樂不斷充實自己的內心，即使沒有愛情的滋潤，仍然可以活得自在而豁達。女人不應該為不愛自己的男人流淚，更不應該為他的承諾而用一生去守候。無論何時何地，女人都要相信自己，不依賴男人也能活得很好。

我們還有健全的雙腿能自己走出沙漠，何必在那裡怨天尤人；跌倒了能自己站起來，花費一點力氣罷了，何必需要男人攙扶而起；能夠獨自行駛，不過累一點而已，何必要一個不聽話的司機。為何不用堅強的鬥志去影響他？為何不留下剛毅卻美麗的身影讓他追隨？

第一次看到文森，琳達就有一種要跟隨他而去的衝動——愛定他了。雖然自己只有大專文憑，也不夠漂亮；雖然文森是德語翻譯碩士，但她確信自己是一個蕙質蘭心的女人，絕對能帶給心愛的男人幸福。

文森當時正經歷感情創傷，琳達幾乎沒花費什麼心思，就被接受了。

結婚的第一年裡，他們生活過得很幸福，她讓文森過著飯來張口，茶來伸手的生活，從沒讓他做過一次家事，而自己卻像是個女僕，更像是一株小草，沒有他的陽光照耀就無法生存。

但是，男人是天底下最愛面子的動物。不久，他們的婚姻亮起了紅燈。

文森從事的外商公司經常以各種名目舉辦派對，他的男同事們帶著自己的妻子處身其間，或優雅大方，或談吐不俗，總之讓他的男同事們臉上有光。

反觀琳達——不會跳舞，不會喝酒，連件晚禮服都穿不好。每次他的男同事們禮貌性的招呼她時，文森就會狠狠的瞪著她，因為她不會說那些應酬的場面話，讓文森感到很丟臉。這樣的事發生幾次後，文森的耐性沒了，他開始在家裡罵她，說是娶了她窩囊死了，要長相沒長相，要內涵沒內涵，妳當初幹嘛嫁給我啊，妳不知道妳什麼等級啊……

那段時間，琳達整天以淚洗面，她的自尊在他的辱罵聲中一天天消磨殆盡，最後變成嚴重的自卑感，好像一下子失去了快樂的能力。文森開始疏遠她。她的家庭已經岌岌可危了。

這時候，朋友給她一個建議——女人必須「腹有詩書氣自華」的活著，重拾書本給自己充電吧！

只有和丈夫一起進步，才不會被他唾棄。於是，她報了一個德語學習班，立志為愛充電。她沒有任何基礎，只有勤學苦練，什麼苦都願意吃。花了整整三年的時間，她以優異的成績從德語班畢業了。

這三年中，因為她的努力，文森對她刮目相看了。從他看自己的眼神裡，她明白自己成功了。後來她持續不間斷的學習德語，又過了兩年，她從原來的公司跳槽到一家大企業當德語翻譯師。

接下來，她再也不過從前那種女僕式的生活了。她徹底變得獨立自主，以丈夫為生活重心的日子已經一去不復返了。她在品味優質生活的同時，徹頭徹尾的將自己包裝成一個現代新女性，這讓她覺得自己活得有價值，過得光彩照人，有成就感。

同時，丈夫卻變得有點緊張兮兮，他的緊張是因為琳達已經變得豐富而又充滿內涵，而且不斷的在成長。一個用知識、獨立捍衛自己的女人，會讓男人有危機感，會讓他更尊重妳，更愛惜妳。

總是把希望寄於別人的女人只會讓人厭倦，自己都無法養活自己，有什麼理由去要求男人爲妳做任何事呢？

身爲女性，要清楚知道自己是誰，知道生命中想要些什麼，尊重自己，別試圖扮演別人或套住別人。在男人面前做一個旗鼓相當的對手，跟他有一個對等的關係，找出什麼對自己重要，並確定他也有同感。

千萬不要完全依賴別人，獨立才能贏得別人的尊重。如果妳太依賴對方，起初他會感覺很好，妳給他一種需要保護的感覺，可是時間久了，妳的嬌弱依人在他眼裡就是無能。不管有沒有別人的疼愛，女人都要堅強獨立。

自立、有獨立氣質的女人是極致美麗的。一般精明的女人勇於放棄，聰明的女人樂於放棄，高明的女人善於放棄，只有深諳選擇與放棄個中道理的獨立女人，才會贏得尊重與幸福。女人必須不依賴男人，才能活出自己的精彩。

聰明的「傻」女人，一定是獨立的女人，這樣的女人是能夠讓他人賞心悅目的，也是被他人所敬佩的。

聰明獨立的女人不卑不亢，沒有輕佻女人的奴顏媚骨，也沒有一般市井婦人的尖酸潑辣，有的只是平淡如水的心境。面對感情，聰明獨立的女人是男人的良師益友，亦是男人心頭一顆永遠的硃砂痣。

忘記墨點，享受那片白

「妳今年多大了？」面對這樣冒昧的問題，有些女人會這樣回答：「哎呀，我多大了？讓我想想，好久沒有人問過我這個問題了，我自己都快要忘記了。你認爲我多大，我就多大。」連自己的年齡都能忘記，這樣的女人是不是太傻？不過我們當然知道，她在裝傻。

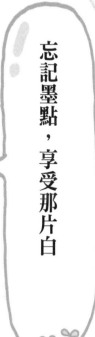

事實上，這樣的裝傻，很多時候不僅是必要的，也是有用的。雖然妳的實際年齡已經是五十歲，但如果總是相信自己是四十歲的話，那麼，真的誰看了都以爲是四十歲。

美國紐約有一個人四十歲喪失了記憶。從那以後過了十年，已經是五十歲了，但是他根本不知道自己已經是五十歲，還一直以為自己是四十歲。可能是心理作用，他看起來確實只有四十歲，並且還與二十五歲的妙齡女子沉浸在熱戀當中。據美國精神分析大師斯特恩博士的分析，人類會根據自己的年齡自我老化。因此，想永保青春，首先必須忘記自己的年齡。

盛放之後的女人希望時光停駐容顏不老，永保青春時的鮮亮美麗。主觀上便拒絕年輪的更替、日曆的常新。大約從二十五歲起，女人就不敢提起自己的年齡了。其實不用這麼害怕，從心理上忽略自己的年齡，妳覺得自己還年輕，妳就會年輕。

忘記年齡對妳來說有絕對的好處，不要讓生理年齡成爲妳的束縛。當妳開心的時候，可以把自己打扮得像高中生，熱情洋溢舞動永遠的青春；當妳需要自己以成熟的面貌出現在別人面前的時候，妳就是穩重的熟女。最重要的是，忘記自己的年齡可以讓妳獲得自信。

年齡是女人最大的敵人。但有一種女人，歲月只能增添她們的美麗，爲她們花樣的姿態多加幾縷清香。

她很漂亮，在她二十多歲的時候，大家都說她是「花瓶」。現在，她已經步入四十歲階段了，她依然那麼美麗，人們開始用「才女」來形容她，因為發現她的美麗不但沒有隨著時間的推移而流逝，反而慢慢沉澱，達到令人難以置信的程度；離開演藝圈的這十年，她過著低調平淡的普通人生活，專心學畫，成為香港畫界的一顆新星；她的思想和表達，在四十歲，終於可以讓大家越過外貌的屏障，看得更加清晰——她就是周慧敏。

四十歲的女人有著二十歲的容顏。大家都害怕變老，但是看看周慧敏的四十歲，妳會覺得年齡的增長並不僅僅意味著變老，它意味著更多的豐富和精彩，如果可以，妳也可以透過自己的努力，獲得那樣的四十歲。

還有，張曼玉、劉嘉玲等等，這些歲月無痕的女人都是我們所熟悉的。女人要在不知不覺的歲月累積中學會讓年齡成爲祕密，讓光陰難於在皮膚上刻下寒來暑往的痕跡，這樣的女人即使走過花季，卻綿延著常開不敗的花期。

讓一個女人美麗的，不僅僅是她動人的妝容，而是她身上充分散發著的吸引人的魅力。所以說女人要學會忘記自己的年齡，年齡只是上帝與女人開的一個玩笑罷了。

做一個忘記年齡的女人，並不是說女人就不做賢妻良母了。沒有一個兒女喜歡看到歷經滄桑、整天嘮叨的媽媽；沒有一個老公喜歡看太太蓬頭垢面、衣衫不整、無所事事；女人要熱愛自己，熱愛身邊的人，悠然的展示自我，做一個不為年齡恐慌的女人。

古時候，有一個人到他的老師家裡拜訪，看到老師家的牆上掛了一幅奇怪的畫。畫的內容是一張白紙上只有一個黑色的墨點，其他什麼也沒有了。

這位學生感到很費解，便向老師詢問。

老師告訴他這幅畫的意義：「這個墨點代表了生活中的挫折、不愉快、不開心、痛苦，而白紙則代表了開心、快樂、高興。但是人們總是能感受到這個墨點的存在，而忽視了白紙的存在。就像人在生活中，總是會對痛苦感受特別深，而對於快樂的事情，很快就會忘記。」聽到這裡，學生豁然開朗。

聰明的妳，爲什麼就不能忘記自己的年齡，快樂的生活？忘記自己的年齡，保持愉悅的心情，妳的生活也會因此多些光彩。

無論妳年紀多大，快樂的妳仍舊有青春的心理素質。告訴自己，時間計算的是價值，不是總結生命的長短，不是定格歲月的標尺。看我們誰活得夠精彩，而不是更無奈。忘記年齡，不是我們不敢面對，不敢提起，而是我們永遠都在創造生命的奇蹟，不管十八歲，還是四十歲。在心底，徹底抹去歲月的痕跡，妳的笑容就會燦爛得如朝陽照映大地。

事實上，因爲我們習慣性的抓住人生的黑點，卻忘記那一片美麗的白色，就是因爲有時間的劃分，才會有年齡的計算。一年三百六十五天、十二個月、每月三十天、每天二十四小時、每小時六十分鐘、每分鐘六十秒，我們都要好好的活。

生活中，我們把那些該忘記的通通忘記。認真享受，快快樂樂的去過每分每秒。只有這樣，生活才有意義。那些忘記年齡的「傻」女人，無論是三十歲還是八十歲，都一樣有魅力。

嚴以律己，寬以待人

有位太太多年來不斷抱怨對面的太太很懶惰，「那個女人的衣服永遠洗不乾淨，她晾在院子裡的衣服，總是有斑點，我真的不知道，她怎麼連洗衣服都洗成那樣……」

直到有一天，有個明察秋毫的朋友到她家，才發現不是對面的太太衣服洗不乾淨。這個細心的朋友拿了一塊抹布，把這個太太的窗戶上的汙漬抹掉，說：「看，這不就乾淨了嗎？」

原來，是自己家裡的窗戶髒了。

有一隻烏鴉打算飛往東方，途中遇到一隻鴿子，雙方停在一棵樹上休息。鴿子看見烏鴉飛得很辛苦，關心的問牠要飛到哪裡。烏鴉憤憤不平的說：「其實我不想離開，可是這個地方的居民都嫌我的叫聲不好聽。所以我想飛到別的地方去。」鴿子好心的告訴烏鴉，「別白費力氣了！如果你不改變自己的聲音，飛到哪裡都不會受到歡迎。」

眼睛長在我們自己的臉上，但是我們看不到自己，我們只能用它來看世界、看別人。這是生理特徵，我們沒有辦法改變，但是我們不應該養成這樣的習慣：「總是睜大眼睛挑剔別人的優缺點，而不肯正視自己的得失。」

吃飯時，一個八歲的男孩用一小塊麵包逗小狗玩，狗玩起來撞翻了他手上的盤子，盤子碎成幾塊。

男孩對父母說：「你們看，是小狗打碎了盤子，不是我的錯。」

母親說：「盤子確實是小狗撞翻的，可是你沒有錯嗎？」

男孩大叫：「是小狗的錯，不是我的錯。」

父親過來叫男孩離開餐桌回他自己的房間去，想想自己究竟有沒有錯。

十幾分鐘後男孩走出房間說：「小狗有錯，我也有錯，我不該在吃飯時逗狗，你們已經對我說過好多次。」

父親笑了：「那麼今天你就該為自己的錯承擔責任：『收拾餐桌，並拿出零用錢賠這個盤子。』」

這是發生在法國一個普通家庭的一幕，法國人從小就注意培養孩子的自我反省意識。他們認爲，碰上了不愉快的事再去強調客觀是於事無補。這時，應該捫心自問有沒有錯或怎樣避免下次再犯同樣的錯誤。法國人極少在公共場合吵架，可能與這個民族長期奉行的自我反省習慣有關，它讓人的修養越來越好，大幅的減少在人際交往中的摩擦。

有一個人整日埋怨生活不順利，好像不如意的事情都發生在他的身上。有一天，他發牢騷的說：「為什麼命運之神要這樣捉弄我？」

沒想到，他的話被命運之神聽到了，命運之神對他說：「其實這與我沒有關係，只是你忘了生活中一個重要的環節，抓住了這個環節，你就會事事如意。」那個人請教命運之神是什麼環節，命運之神說：「把反省自己當成自己每日的功課。」

所謂反省就是反過來審視自己，檢討自己的言行，看有沒有要改進的地方。每個人都有缺點，都會犯錯，爲什麼不靜下心來好好看看自己，反省一下自己呢？

爲什麼要提醒妳把眼光放在自己身上呢？正是因爲大部分人都不知道該這樣做，或者知道卻做不到。我們將別人的錯誤看得一清二楚，於是我們懂得好心去提醒別人，但是我們往往不能看到自己的缺點，不懂得提醒自己。

有一對夫婦因偷竊而被示眾，人們萬分憤怒，指責與漫罵的聲音像大海一樣，一浪高過一浪，有人竟然還提議用石塊將夫婦打死，並且人們都同意這樣做。正當他們準備用石塊砸向這對夫婦時，耶穌路過廣場。面對這種情況，他想了想便對憤怒的群眾說：「好吧，那麼就要我們當中從來沒犯過一次錯誤的人扔第一塊石頭。」結果群眾都不說話了。

不要看不到自己的過錯，只會去追究別人的過錯。指責別人已成爲我們的習慣，但我們卻往往看不到自己身上的缺點。人人都犯過錯誤，但很少人能反省自己，改正錯誤。大多數人就是因爲缺少審視自己的習慣，所以始終看不清自己的本質。

一個人如果能多看看自己，多檢查自己，就可以隨時發現自己不斷變化中的長短得失。若是正確，以後可以繼續；若是錯誤，應該立刻加以修正。

孔子曰：「躬自厚，而薄責於人，則遠怨矣。」意思是能夠自我反省，多從自己身上找原因，責備自己多，而埋怨別人少，內心的怨恨自然就少了。

夏朝時期，一個背叛的諸侯有扈氏率兵入侵，夏禹派他的兒子伯啟抵抗，結果伯啟打敗了。他的部下很不服氣，要求繼續進攻，但是伯啟說：「不必了，我的兵比他多，地也比他大，卻被他打敗了，這一定是我的德行不如他，帶兵方法不如他的緣故。從今天起，我一定要努力改正過來才是。」

從此以後，伯啟每天很早便起床工作，粗茶淡飯，照顧百姓，任用有才能的人，尊敬有品德的人。

過了一年，有扈氏知道了，不但不敢再來侵犯，反而自動投降了。伯啟的反省和及時的改正提升了他自己的實力，讓他在和有扈氏的對決中贏了，而且是沒有真正去戰場上就讓對方服輸了，這樣的結果是最理想的，雙方都沒有損失的情況下就決定了勝負。

人生中，遇到失敗或挫折，假如能像伯啓這樣，肯虛心的檢討自己，馬上改正有缺失的地方，那麼最後的成功，一定是屬於妳的。

很多人滿腔熱血，憤世嫉俗。看很多事情都不順眼，總是覺得別人渾身都是缺點。可是，爲什麼不肯看看自己呢？如果不肯檢查自己的錯誤，對自己的成長是一種最大的耽誤。

妳要明白，這個世界上，改變別人是困難的。即使改變了別人，妳也不會有什麼進步，所以不要總是看別人，而是要多多審視自己，隨時提醒自己應該做得更好，妳就能夠改變自己，使自己獲得進步。對照高尚的道德標準省察自己的言行，不斷的完善自己，妳就不會有禍患。

隨時隨地都應該問問自己，是否對以前犯過的錯誤都一清二楚？若不能從自己身上找出失敗的原因，難免下次還會犯同樣的錯誤。在失誤時，應該多反省一下自己，平心靜氣的正視自己，客觀的對待自己的失誤。這既是一個人修身養德必備的基本功之一，又是增強妳自己生存實力的一條重要途徑。

人一生中會犯下許多錯誤。犯錯不要緊，重要的是要記取教訓，反省自己，然後改正，提升自己，完善自己。人活著本來就是個不斷完善自我的過程。人需要在生活中，一點點的完善自己，發現了缺點就改正，發現了不足就彌補。

不肯把眼睛放在自己身上，就很難發現自己有什麼需要改進的地方，就很難實現積極的自我超越。當妳學會了審視自己後，才能好好的審視周圍，這樣，妳才不會盲目。多認識自己，多反省自己，才能讓妳更加把握自己的人生，始終清醒的站在峰頭浪尖，不被生活的暗流淹沒。

女人不肯容忍自己臉上帶著汙垢出門，所以總要照照鏡子。可是，心靈上的灰塵呢？好好審視一下自己，反省一下自己吧！如果不肯讓眼睛在自己身上多加停留，就是對自己極大的不愛惜和極不負責任的縱容。

堅持過後，看見彩虹

英國詩人吉卜林曾經說過：「雖然親眼看著一生的心血坍塌，但妳若仍然還有拿起工具、重新建造起來的意志，那麼妳就真正的成功了。」

不得不承認，女人們經常會面臨突如其來的考驗，但是，並不是所有女人都能夠承受並透過考驗。

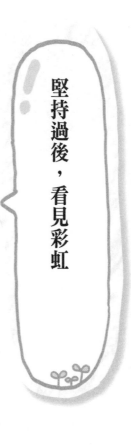

女性在生活中，如果稍微感到事情有些困難或彆扭，心裡就會產生「算了啦，還是放棄吧」的想法，然後徹底放棄。自己過不了自己這一關，又怎能過得了其他更難的關卡呢？其實，那個最難過的關卡就是事情的頂點，如果堅持下去，過了那道關卡，事情就會變得很容易。

那些勇敢而堅強的女人，她們會常常鼓勵自己：「即使失敗，也要勇往直前！」但是這些女人也會遭受挫折、承受失敗，不過，和平庸的女人不一樣的是，聰明的「傻」女人不會被困難嚇倒，她們會一如既往的朝著自己的目標努力，而且往往能獲得成功。

一九六七年，美國跳水運動員喬妮・艾瑞克斯在一次跳水事故當中，身負重傷，除了脖子以外，全身癱瘓。

喬妮哭了，她躺在病床上輾轉反側。她怎麼也擺脫不了那場噩夢——為什麼跳板會滑？為什麼我會剛好在那時候跳下？

不論家人朋友如何安慰她，她怨懟的認為這一切對她不公平。

出院後，她叫家人把她推到跳水池旁。她靜靜的注視著那湛藍的水波，仰望著那高高的跳台，眼淚不聽使喚的流了下來。她，再也不能站立在那跳板上了，那湛藍水波再也不會因她而濺起晶瑩剔透的水花了。她掩面痛哭！她被迫從此結束跳水生涯，離開那曾經以為可以奔赴自己夢想的路。

她最初感到絕望，但現在，她拒絕死神的召喚，開始冷靜思索人生的意義和生命的價值。她借來許多介紹前人如何成功、打敗命運的書，一本一本認真的讀了起來。幾乎全身癱瘓的她，讀起書來其實非常艱難，只能靠嘴銜著一根小竹片吃力的翻書，劇痛和疲累常常使得她不得不停下來休息，但休息過後，她一定又堅持讀下去。

透過大量的閱讀，她領悟到：「我是殘廢了，但許多人殘廢後，卻在另一條道路上獲得成功，他們有的成了作家、有的創造了盲人點字、有的創造出美妙的音樂，我為什麼不能？」她想到自己曾經喜歡繪畫，「我為什麼不能在繪畫上有所成就？」

脆弱的喬妮變得堅強，變得有自信了。她拾起曾經用過的畫筆，用嘴銜著，開始畫畫，也開始了一個異常艱苦的歷程。

「用嘴畫畫？」她的家人連聽都沒聽過，他們怕她無法成功而傷心，紛紛勸阻她：「喬妮，別那麼固執，哪有人用嘴畫畫的，我們會照顧妳的。」可是，這些話反而激起她學畫的決心！

「我怎麼能讓家人養我一輩子？」她更加努力，常常把自己累得頭暈目眩，成串的汗水在雙手癱瘓、無法擦拭的情況下，一滴滴直接流進雙眼，甚至有時委屈的淚水把畫紙也浸溼了；為了激盪出更多的創意，她還常搭車外出拜訪藝術大師。

好幾年後，她的一幅風景畫在一個畫展上展出，獲得藝術界一致好評，讓她的辛苦終於得到最甘美的回饋。

之後，喬妮又想學寫作。家人及朋友又勸她了，「喬妮，妳的繪畫已經很不錯了，為什麼還要學寫作？那會更辛苦的！」喬妮是那麼倔強而自信！

面對家人朋友的勸阻，她沒有說任何話，她想起一家雜誌曾向她約稿，要她談談自己學繪畫的經過和感受，她決定以這當作學習寫作的起點。

她花了很大的力氣，一方面是沒有寫過，一方面則是因為她殘障的肢體，使她在打字上非常困難。即便她已經認清這是一條充滿荊棘的道路，但她彷彿看到藝術桂冠在前面熠熠生輝、等待她去摘取般，她義無反顧、勇往直前的努力學習寫作，她一定要圓這個夢！

終於，再次經過了許多艱辛的歲月，這個美麗的夢成真了。她的自傳《喬妮》出版了，一出書立刻造成搶購風潮，她收到數以萬封熱情洋溢的讀者來函。喬妮太高興了！

兩年後，她又完成了第二本書《再前進一步》，在這本書中，她以自己的親身經驗告訴所有身體有殘障的人，應該如何戰勝病痛，立定志向，邁向成功之路。後來，這本書被拍成電影《Joni》，喬妮甚至自己走上銀幕擔任劇中主角。

從此，她成了所有殘障人士的榜樣，更成為所有期望成功者的偶像。

聰明的「傻」女人不怕困難、挫折、失敗，因爲她們知道：「只有經歷風雨的人，才能看見美麗的彩虹。」面對人生中的不如意，聰明的女人會選擇微笑接受、坦然面對，她們會把挫折當作磨練、把失敗當作成功的前奏，因爲她們知道，只有度過短暫的失意，才能迎來前方的曙光！

主人從冰箱裡拿出一顆雞蛋，雞蛋哭著與留下來的雞蛋朋友們道別，然後被主人放進了鍋裡。因為鍋裡的沸水太熱，雞蛋昏倒了。

那個雞蛋很快就被煮熟了，突然，主人接到了一個緊急電話，他將熟雞蛋放回冰箱，然後就出門了。在涼快的冰箱裡，它的那些雞蛋朋友們很驚訝，已經被主人拿出去的雞蛋竟然還能回來！

幾天後，主人在收拾冰箱的時候，不小心把雞蛋盒弄掉了，生雞蛋全都被打破了，在滿地的碎雞蛋殼中，卻有一顆雞蛋完好無缺的被撿了起來。主人將這顆雞蛋放回冰箱，將碎雞蛋全都扔進了垃圾桶。

這個又被重新放回冰箱裡的雞蛋就是那顆熟雞蛋。雖然剛開始的時候，它被主人選中，看似命運不濟，但它卻在沸水中堅持下來，最終抵抗了再次來臨的災難。

不經歷風雨，怎麼能看見彩虹？同樣的道理，不經歷烈火的考驗，不起眼的黏土怎麼會變成瓷器？不經歷艱苦的過程，不起眼的毛毛蟲又怎能化繭成蝶？所以說，人如果不經歷苦難，就不可能獲得成功。一抔土變成一只名品瓷器、一隻難看的毛毛蟲變成一隻漂亮的蝴蝶，分別是在不長的時間和瞬間完成的，但變化的過程卻千辛萬苦。為了質變的那一刻，無論面臨怎樣的痛苦，我們都一定要堅持。

當然，並不是所有的毛毛蟲都能變成蝴蝶，只有那些禁得起風雨和寒冷的毛毛蟲才能擁有美麗的翅膀。正如夜空中的星星如此閃亮是因為它們生活在一片漆黑的夜空中一樣，只有身處艱難環境並克服苦難的人，才能贏得美麗的人生。

停止抱怨，學習反省

抱怨是許多女人的壞習慣，她們在日常生活中稍不如意，就滿腹牢騷，抱怨連連，總覺得「今不如昔」，總認爲都是別人不好，總是不反省自己。

一位管理專家在一次培訓課上問他的學生——一些高級管理人員：「如果買了幾條魚回家，然後妳出了一趟門，回來後發現魚被貓偷吃了，妳覺得應該怪誰？」

毫無疑問，幾乎所有的學生都怪貓。

管理專家笑了笑：「貓當然有責任，但除了責備貓，妳更應該責備自己，因為貓吃魚是牠的本性，妳明知貓會偷吃魚，卻不加以防範，導致了事故的發生，所以妳也是有責任的。

同樣的道理，在企業管理的過程中，妳明明知道人性有弱點，卻不加防範，或者對一個人的瞭解不夠深就重用他，一旦出了大錯，首先應該檢討自己。」

學生們聽了，默然點頭。

不少女人在工作中遭遇不順的時候，往往會努力爲自己開脫，將原因歸結爲他人或者環境的不是，而從來不會從自己身上找原因。

案子延期了，是因爲其他同事扯了妳的後腿；工作不順利，不是自己不拚命而是因爲上司不賞識……妳的眼裡只看得到他人的不是，從來就不曾想過自己有什麼過失。

其實，發幾句牢騷是一種宣洩情緒的方式，本來也無可厚非，可是如果讓抱怨成爲生活的常態和固定的模式，就會徒增不少煩惱。有人說，抱怨是在自己鞋裡放沙子、灌污水，使自己行走更難、旅途更累。

查理最近交了女朋友，選了合適的假日，查理帶著女朋友回家見父母，媽媽高興的握住她的手問東問西。

女朋友走後，查理問媽媽：「您和布蘭妮說了些什麼？」

媽媽說：「沒說什麼，就簡單問了幾個問題。」

查理安慰媽媽：「您放心，布蘭妮不是壞女孩，您用不著打破沙鍋問到底。」

媽媽輕輕嘆一口氣：「她心地是不壞，但是你如果和她結婚，恐怕不會開心，說不定還會離婚。」查理大笑起來：「媽，您還會看相啊？」

媽媽搖搖頭：「我哪裡會看相，只是隨便和她聊幾句。我問她工作怎麼樣，她說所待的部門很不好，收入低，工作又辛苦，經理沒本事，同事間還勾心鬥角，她想盡快換新工作；我問她畢業於哪所學校，讀什麼科系，她說她好後悔當初選填志願時出了差錯，進了一所很爛的學校，讀的科系也很冷門，害得她很難找到好工作；我問她父母身體、工作怎麼樣，她說她父母身體還過得去，但爸爸下班後整天抱著酒瓶喝悶酒，她媽在醫院上班，收入不錯，但喜歡嘮叨，搞得她都不願意回家，她還說每天上下班的公車是最差的線路，人多、司機開車時快時慢……」查理點頭：「確實是這樣啊，她的部門不好，做得很不順心，我也勸她離職換個地方；她爸愛喝酒，她媽有點囉嗦多話，我都知道。媽，這些情況與她沒什麼關係，我是和她結婚，不是和她的工作、家人結婚。」

媽媽憂慮的說：「但她是個怨女啊，現在她埋怨的是工作、同事、上司、學校、科系、父母、公車，以後她埋怨的就是丈夫、孩子、公婆……」查理愣住了，覺得媽媽的話有道理，自從認識布蘭妮，他確實沒有聽過她讚美哪個人，哪怕只是小事情。她對身邊的一切只有責怪和抱怨。

果然，布蘭妮對查理的不滿越來越多，漸漸的，她的埋怨對象變成查理了。衝突層層深化，他們終究還是分道揚鑣了。

生活中不免有許多不盡人意的地方，如果心中充滿了抱怨，妳將發現沒有適合妳的地方，沒有讓妳滿意的人，生活似乎灰暗到了極致。當這樣的「怨女」不但自己痛苦，還會讓身邊的人窒息。其實，很多牢騷和不滿，都是自己造成的。

看到他人的問題，別人的缺點，總比看到自己的問題和缺點容易些；而把錯推給別人，也比檢討自己來得容易。有人總是怪罪別人如何使壞，事情的做法不對，但是換成自己，會是什麼樣子呢？

所以，親愛的女性朋友，抱怨不如改變，抱怨不如修練。與其抱怨別人，不如好好反省自己：「我哪方面有欠缺？我什麼地方做得還不夠？」當妳學會了檢討自己，妳就會有更明媚的心情，就會有更多的收穫和更大的提升。

幸福第二站

成長蛻變

01

尋找自我

現代的女性在學習、生活、工作、家庭上爭強好勝，不願意輸給任何一個人，對自己的要求不斷的增加，逐漸成為女強人。

堅強是女人挑起身上重擔的資本。然而，老子說「柔弱勝剛強」世間至柔者是水，至硬者是石，然水滴石穿，石有損而水無耗。水是柔弱者力量的象徵，它從不與人爭強鬥勝，一如女性與生俱來的平和與柔美。

聰明的女人懂得把堅強和柔美結合，並且發揮得淋漓盡致。

03 裝傻哲學

04 處世指南

柔弱卻不脆弱

在家庭和事業方面，女人和男人都擁有平等的實現自己價值的機會，軟弱的女人總在事業與家庭的矛盾中掙扎著，漸漸的失去了活力。

事業與家庭之間該如何去平衡？怎樣才不會顧此失彼？這也許是許多職場女性面臨的一大難題。一個成熟、有思想、有理想的女人，誰不希望在自己擁有一份如意事業的同時又擁有一個幸福的家呢！

軟弱的女人害怕面對所有自己不願面對的事情，總是逃避遇到的每個問題。她們覺得人活著是多麼無聊而無趣的一件事，活著總是不停的忙碌，不停的你爭我奪，最終還不是一無所有。

曾經有一句名言「男人追求的極致是成功，女人追求的極致是幸福」已黯然失色，女人只有自我完善才是最重要的，渴望男人賜予妳幸福是不安全的。女人不僅需要外在的美麗，更需要內在更深層次的東西，那就是堅強。這樣才算是一個聰明的女人。

這個世界上有兩種女孩，一種是幸福的，一種是堅強的，幸福的女孩從小就被父母疼愛呵護著，長大後被戀愛中的男友寵愛著，結婚後被老公珍惜著，因此，這種女孩根本不需要讓自己學會堅強，她只需要懂得去享受幸福；還有一種是堅強的女孩，她並不是一生下來就擁有堅強特質，而是因爲沒有人讓她體會到什麼是幸福，所以，女孩不得不堅強起來，創造自己的幸福。

如果讓妳選，妳會做哪一種女孩呢？

從不要認爲女人一生下來就是被別人伺候好好的，妳憑什麼讓眾人當妳的奴隸？妳又有什麼特權指使別人做事？僅因妳是女人，妳是美女，別人就必須對妳忍讓三分？更不要以爲妳是女人就可以用眼淚博取同情！那本質上就是自我的輕視，是懦弱的表現。

女人好強沒有錯，至少這樣的女人活出了自我的精彩。一個女人只有真正做到獨立，事業有所成就，她才會擁有真正的自信，才有資本與資格跟別人談條件。

自強不息，是做人的使命，也是做女人的準則。女人爲什麼不可以透過自己的努力做得比別人更好？爲什麼做任何事情都要依靠別人的幫助才可以獲得成功呢？

別人只有在妳最困難的時候幫助妳，但不可能永遠一直幫妳。因爲每個人都有自己的使命。靠自己沒錯，相信自己更重要。遠離懦弱和眼淚，它們不屬於現代女性。

女人要告別懦弱，假如連自己都沒有自信，那麼誰也幫不了妳。任何事情只有當事者才能解決，別人無能爲力。

女人要告別眼淚，因爲女人哭乾了淚傷透了心，但是什麼也解決不了，只會讓別人輕視，於是變得麻木，不再懂得享受生活。這個世界的悲劇太多，何苦還要折磨自己，讓自己不好過？聰明的女人別用眼淚當武器。

詢問男人對於女人流淚的看法，有幾位男性主管表示：「哭有什麼用？

我最討厭會用哭來搪塞職務上失誤的女人！」

在職場上，使用淚水超過三次，就像黔驢技窮寓言裡所說的一樣：「老虎看出驢子只會這一招，所以毫不客氣的就把牠吃掉了。」

女人在面對挫折時，不要流淚，而要勇敢面對。

聰明的女人不要只顧流淚，而要改變對待失敗的態度。也許正是那些把一時的失敗看成整個人生失敗的觀念害死了自己。

聰明的女人應該學會毫無遮掩的宣告自己失敗，學會獲得勇氣的方法。那麼，今天的失敗將成爲妳明日成功時的光榮傷疤，這塊傷疤將使妳的成功變得更加光彩奪目。

告別昨天的自己，撕碎自己昨天的面孔，然後學會愛今天的自己。假如妳愛過以往成功時的自己，就應該真心的愛今日處於逆境中的自己。如果連妳自己都不肯幫助自己，還有誰會幫助妳呢？

有時候，生活是需要平視的。坦然正視妳的處境，承認現實，也許可以盡早走出來。畢竟，身為一個女人，獨自在社會中闖蕩，生活中總會遇到失敗或挫折，我們所該做，除了加油，便是學會堅強。

長大後的女人們，每一滴淚珠都是無價的。不輕易流淚，不一定就是堅強，而是明白了「不值得」三個字。

每一次就算很受傷也不閃淚光，所有的悲劇其實都是自己製造出來的。只是事情結束了，結局出乎我們的意料，是人們把這些原本屬於正常現象的人間情景當成了悲劇，於是又陷入在自己的幻想中傷心欲絕。

女人要當自強，遠離懦弱，有綻放就會有凋零，不要以為那風雨裡飄落的就都是憂傷的眼淚，那只是女人們在向遠方傳遞愛的消息，來年花期依舊在，什麼時候都不晚。

搬開人生絆腳石

從前，有一戶人家的菜園裡有一顆大石頭，寬度大約有四十公分，高度有十公分。到菜園的人，不小心就會踢到那一顆大石頭，不是跌倒就是擦傷。兒子問：「爸爸，那顆討厭的石頭，為什麼不把它挖走？」

爸爸這麼回答：「你說那顆石頭？從你爺爺時代，就一直放在那裡，它的體積那麼大，不知道要挖到什麼時候，沒事無聊挖石頭，不如走路小心一點，還可以訓練你的反應能力。」過了幾十年，這顆大石頭留到下一代，當時的兒子娶了妻子，當了爸爸。

有一天妻子氣憤的說：「菜園那顆大石頭，我越看越不順眼，改天請人搬走好了。」

丈夫回答說：「算了吧！那顆大石頭很重的，可以搬走的話在我小時候就搬走了，哪會讓它留到現在啊！」

妻子心裡非常不是滋味，那顆大石頭不知道害她跌倒多少次了。

有一天早上，妻子帶著鋤頭和一桶水，將整桶水倒在大石頭的四周。

十幾分鐘以後，妻子用鋤頭把大石頭四周的泥土攪鬆。

妻子早有心理準備，可能要挖上一整天——但是誰也沒想到，幾分鐘就把石頭挖起來，這顆石頭並沒有想像中那麼大，都是被巨大的外表矇騙了。

銜著小石頭誓言填平大海的精衛很傻，可是就像愚公移山一樣，在傻傻的堅持下，誰說精衛一定不會成功呢？堅強的女人不過是那些自強不息，勇於奮進，勇於面對人生，面對困難孜孜追求，而且在事業上獲得一定成就的人，並且能夠勇敢的搬開生命中的絆腳石。

誰說女人不是水？她們柔情萬種，她們有血有淚，她們有情有義，她們有愛有恨，她們懂得堅強的意義，想要使自己的人生更精彩。

大陸知名主持人沈冰，人們說她是花不是瓶。沈冰很有自信，不會做任人擺佈的花瓶。但花香自有賞花人，再強勢的人物，當面對容貌姣好的年輕女性時，都會手下留情。美女再加上悟性、觀察力、敏銳性，她就擁用了雙倍的力量。

在沈冰之前，男人拒絕女性足球評論員。男性認為這是他們獨步的領域，但是沈冰卻以溫柔的力量，堅強的信心，打破了傳統。

二〇〇二年世界盃足球賽，最爆冷門或者說最大亮點，就是沈冰的解說。一個完全男性化的事件因沈冰的介入而溫柔、多彩。同時，沈冰也讓女性第一次真正認識了足球。足球場上誰贏誰輸，都已煙消雲散，而最大的贏家是沈冰。

她從解讀足球，走進男人的領域，並給予足球全新的內涵：「足球是男女共享的，足球需要剛柔兼備。」沈冰用自己的魅力和堅強不屈，征服了球迷——她讓足球有了柔情，有了女性的關照。

沈冰的例子，給我們許多啓示，她就是這樣一個不服輸、不認命的女人，她敢於打破世俗的束縛，投入自己感興趣，而且曾經只屬於男人的領域。用自己的信心和勇氣及女人特有的魅力征服球迷，成功涉足這一領地。

一個人的發展及未來的命運，不是依託外部環境，靠外力左右的，那種期盼貴人相助或借助外力來改變自己的命運，是不切實際的，而掌握自己命運的力量是來自於自己手上，只有發掘自身存在的潛能，才能永保青春活力，成爲一個成功者。

大陸知名模特兒呂燕，有一次被邀約到巴黎發展。那時的呂燕在大陸模特兒圈雖然小有名氣，若是那些已經獲得成績的名模對此可能會猶豫、患得患失，但是她覺得自己本來就沒有太大的成就，即使失敗了也沒有損失，說不定因此便成功了呢？況且能到國外，尤其是巴黎這樣的時尚之都發展，是一個絕佳的好機會！於是，呂燕便隻身前往巴黎。

第一次到達這個陌生的國家、陌生的城市，陌生的人群、陌生的生活習慣、陌生的語言，並沒有讓呂燕打退堂鼓，相反，她努力的盡快適應著在巴黎的生活。她到巴黎第一天的工作就是拿著一張時間表、一張地鐵路線圖以及自己的造型相本與巴黎的記者們見面。

當時，呂燕並不認得任何一個法文單字，但她有勇氣拿著一台快譯通到了人地生疏的法國，開始了在巴黎的模特兒之旅。

憑著這台快譯通，呂燕走遍了巴黎的大街小巷參加試鏡，甚至，打國際長途電話向朋友請教法文發音，然後再去問路；在吃飯的問題上，由於剛開始時語言溝通的障礙，買雞蛋是最簡單的，所以她買了很多雞蛋，吃了好幾天之後，就順利的開始買其他商品了。

憑著執著、勇氣和微笑，她終於為自己在這個時尚之都打開了一條路。短短幾個月，呂燕引起了世界最著名的時尚雜誌《VOGUE》的注意，為雜誌拍攝了許多照片，參加了著名時裝品牌秀。呂燕迅速在巴黎時尚圈內聲名大噪，成為紅極一時的國際名模。

她是堅強有智慧的，所以，最後她成功了，成為了一顆耀眼的新星。

我們也許只想當一個平凡的女子，並沒有遠大的理想，但是，平凡的女子最強的能力，就是能夠堅強的面對生活。

任何想變得堅強的女人都要懂得如何搬開生命的頑石，如何走向成功，沒有誰的成功之路是輕鬆平坦的。

成功的技巧，第一個是堅強，永不放棄；第二個就是當妳想放棄的時候，請回過頭來再照著第一個步驟去做——堅強，永不放棄。

在現今追求自由、提倡平等的社會中，如果妳有夢想，想活得與眾不同，不要因爲自己是女人，就唯唯諾諾，沒有信心和勇氣挑戰不屬於自己的東西。

世上沒有什麼東西應該屬於什麼人，更沒有什麼人天生就是強者，命運掌握在自己手中，只要妳堅強起來，鼓起勇氣，踏出第一步，妳的生活將從此改變。

收拾起自己的心情，這個世界不會因爲妳的沉默而哭泣，我們每個人都不過是天地舞台中一個微不足道的演員，戲演完了，舞台仍在，妳的精彩，只有妳來演繹，釋放出妳的激情，綻放出妳的魅力，讓生命不再哭泣，讓夢想永遠都那麼璀璨、光芒萬丈。

堅強但不強勢

現在越來越多這樣的女人——她們事業成功，在職場裡叱吒風雲，言談中帶有嚴謹和控制全局的魄力，頭腦聰明絕頂，前瞻和決策能力甚至超越一些男性。她們更像內部裝了個發動機的超人，而不是一個風姿綽約的女人，女性角色的意識淡漠了許多。

女人越來越強大了，大到職場爭奪戰，小到家裡換燈泡、打蟑螂，都能一手搞定。男人也越來越困惑，不再被需要的男人，從哪裡找回尊嚴和力量呢？強勢不是男人的專屬名詞，而選擇強勢的女人比比皆是，她們有自己的價值觀和世界觀。

在現今自由平等的社會是合理的，但在這樣的思想影響下，她們喜歡出風頭、愛面子，面對處處忍讓，隨和處事的人，她反而得寸進尺、咄咄逼人；

與別人進一步交往時，不是不懂溫柔，不是不會輕聲細語，不是不解風情，只是不斷告誡自己為什麼活得那麼委曲求全，放棄自己去討好全世界並不值得。

不知道是什麼時候開始喜歡說服別人，並感覺能說服他人自己很驕傲。沒人敢和她們吵架，因為沒人吵得過。在別人眼裡她們能言善道，強詞奪理到最後居然讓人家覺得有道理。

或許她們在工作中一直都很優秀，比周圍同齡的女孩職位好、薪水高，可以說是過著衣食無憂的生活，工作能力是許多男人都比不上的。在工作中的她們很強勢，沒有利用女人柔弱的一面與職場上的男人打交道，她們用智慧、才能、冷靜、認真的態度贏得了成功，也在職場中贏得了公司上司的尊重。

然而，一個在戀愛中扮演強勢的女人往往是沒有安全感的人，如果一個人沒有安全感、沒有把握的時候，她需要透過對別人的好來攏絡這個人——因為我對你好，你才會留在我身邊。

送禮物是男人向女人展示自己能力最直接的方式，當女人沉浸於「投桃報李」的遊戲中時，卻剝奪了男人展現自己能力的快感。心理學家說過，我們送什麼，其實就代表了我們自己是什麼，人在潛意識裡透過自己送出的禮物來告訴對方自己的價值。因此，當女人毫不吝惜的爲男人挑選禮物時，男人接受的訊息卻可能是「看，我多有經濟實力！」「看，我多大方！」等等他們本欲向女人表現的男子氣概。

這其實是一種自私的表現，因爲更多方面是考慮到自己的感受，而男人往往覺得是自己無能，他也想對妳好，以平衡彼此之間的付出和接受的效能，然而妳自己的強勢始終是壓抑著他，由於男人長時間一直處於相對比較弱勢的位置，逐漸會無法接受，因爲無論現在的社會還是親友之間、生活工作方面帶來的壓力，甚至包括妳帶來的壓力，他終究會離開。

當妳成爲這樣強勢的女人時，生活的色彩似乎就變得複雜，甚至是機械化的。妳的生活中，沒有特別親近的朋友，沒有知己，很孤單的一個人。每個人都希望自己是個能有人疼愛的女孩，在收穫自己事業的同時也收穫一份真摯的感情；希望在邁向成功的路途上也能找到一位知己，一個愛人，也能將人生畫一個圓滿的圈。

強勢的人也會脆弱和敏感。她們缺乏安全感，並且在還沒有找到那個能給內心帶來平靜的最佳人選之前，會讓自己更加強勢，藉此獲得安全感，因為沒有人可以像自己一樣清楚自己的需要。這是一個惡性循環——強迫自己強勢，讓別人覺得強勢，沒有人可以保護自己，於是自己保護自己。

當妳思考自己的幸福在哪裡時，妳會覺得自己很孤單，身為一個女人妳得承認，要正視自己是一個女人的事實。女人有她的天職，有她獨特的魅力，透過不強勢的手段和方式同樣會成功，何必活得辛苦和孤單？這樣的人生不是妳的初衷。

一個沒有知心朋友陪伴，沒有幸福婚姻和家庭的人，她的人生怎麼會優秀？用來保護自己，讓自己有安全感，不顧他人感受，一味做自己認為正確的強勢是越來越不被大家認同，或許透過這種強勢，妳獲得了自己想要的事業、榮譽，這些都讓別人無比羨慕。但是，榮耀的背後卻藏著一道孤獨。

其實，女人沒有必要掩飾自己脆弱的一面，在男人面前沒有必要總是表現得那麼獨立，何必強迫自己去做一個強勢的女人呢？

男女如同電流的兩極，陰陽結合的世界才完美，女人依然希望得到男人的呵護，男人依然渴望被需要的感覺。

或許因爲某些原因，原本溫柔的女人無可奈何的變得鋒利起來，男人會把她們視爲競爭對手。男人和女人，變成刺蝟一般，害怕別人身上的刺，又想保持取暖的距離。這樣的男人和女人，看似堅強，其實脆弱。

女人需要男人，正如男人需要女人。男人的幫助，從大方向來說分成兩種，一種愛的表達，甘願爲心愛的女人赴湯蹈火，一個女人一生有一位這樣的男人便足夠了。

男人喜歡被女人需要、重視，爲了這種感覺，他們願意付出很多，包括體力、經驗、耐心，甚至愛，但他們不願意做吃力不討好的事，他們不希望自己的好心被人誤會，他們小心翼翼，害怕受傷。

幫助女人，對所有男人來說都是一件快樂的事，但不是所有的忙他們都願意幫，如果妳是一個聰明的女人，妳肯定會瞭解哪些角色是男人最樂意承擔的：他最樂意成爲妳的職場顧問；他最樂意成爲妳的旅行指南；他最樂意成爲妳的愛情備胎；他最樂意成爲妳的電腦工程師；他最樂意成爲妳的一份高科技產品說明書……

但是，很多女人卻不敢大膽地表現自己骨子裡的脆弱，即便她從來不敢看帶有一點恐怖鏡頭的電影，前一天晚上因爲一隻老鼠嚇得半宿沒睡好，第二天仍然會大大咧咧地說因爲恐怖片太精彩，看了大半夜……

所以，無論是本身就很強勢還是強迫自己強勢的人，請放下冰冷的面孔，用甜美的微笑對待周圍的每一個人。讓大家感受成功的女人也很可愛，成功的女人也很嫵媚，成功的女人也很天真，工作中強勢的妳也懂得生活的樂趣，更懂得愛一個人的幸福。

懂得低頭彎腰

幾年前，一間工廠面臨虧損困境，廠裡進行裁員分流。倉庫有六位員工，清一色都是四十多歲的女工，她們平時團結一心，工作十分出色。但這六人當中也被分到一名裁員指標，按照末位淘汰制，由員工互相打分數，按照分數由高到低排列，前五名留下，第六名則必須淘汰。

組長參加會議回來，苦思良久，覺得太殘酷，不忍向組員開口。但是組員們卻早已知道，她們說：「總有一個人要走，大家投票吧，每人提一個，誰得多票誰就離開。」

於是組長發給每人一張白紙，讓大家寫上將被淘汰的那第六個人的名字。當組長將六張紙一一打開來，看見的卻是六個不同的名字，原來，每個組員都寫上了自己的名字。於是，一直到規定截止的日期仍遲遲沒有結果。

與此同時，廠長卻收到了這六名員工遞上的辭呈。接下來，這六名員工都辦理了離職手續。

然而這六名員工並沒有各奔東西，在辭職後的第二天，大家又聚在一起，共謀出路。她們想來想去，除了原來的倉庫管理工作，大家都沒有其他專長，但身為家庭主婦，買菜燒飯卻是每天的功課，大家決定從自己最熟悉的工作入手——開一間小吃店。

就像原先在廠裡工作時那樣，齊心合力，不計較、肯吃苦，小吃店的生意越來越興隆，規模越來越大。後來有一天，竟然兼併了那間瀕臨倒閉的工廠。幾年過去了，已經發展成一家餐飲連鎖集團。

問到當初為什麼「第六個人」是自己時，這六位女工說，不過是想證明，改革並非總是表現人與人之間的無情競爭，有時候退讓或許也是一種更積極的進取。

人總是在碰撞中，在挫折中慢慢成長。成長的指標之一，就是懂得退

讓——懂得在適當的時機退讓，並且明白彎腰有時候比站直更高。

學會低頭、學會彎腰，張弛有度、柔和處事，不要事事爭先，事事逞強，這樣可以讓妳免受無謂的傷害，讓妳學會審視情勢，把握全局。

看看向日葵，只要有太陽的時候，就會昂著頭永遠面對陽光。但是，風雨中的向日葵，他們低下頭，用自己寬大的花托當傘，讓雨水怎麼也流不進面朝下的花盤，就這樣它們放棄開花時的華美，垂著頭不再仰望陽光，而是默默隱忍著，等待孩子們成長。

多麼聰明的向日葵！即便它們的天性是永遠抬頭望日，在遭遇風雨的時候也會低頭保全自己的果實。

身爲萬物靈長的人們呢？面對人生的風雨時，妳肯低下頭來退讓一步嗎？對女人來說，將來總有一天妳要當母親，妳能像向日葵一樣做得那麼好嗎？

做女人並不容易。在充滿艱難的人生道路上前進，不懂得低頭彎腰，就看不清腳下的陷阱，就會落入過分好強的氛圍，出現不必要的傷害。

有人問蘇格拉底：「你是天下最有學問的人，那麼你說天與地之間的高度是多少？」

蘇格拉底毫不遲疑的說：「三尺！」

那人不以為然：「我們每個人都有五尺高，天與地之間只有三尺，那人豈不是要戳破蒼穹了嗎？」

蘇格拉底笑著說：「所以，凡是高度超過三尺的人，要長立於天地之間，就要懂得低頭呀。」

一場大雪過後，樹林裡出現了有趣的現象——只見剛強的榆樹被厚厚的冰雪壓得許多枝頭折斷，而松樹卻生機盎然，一點也沒有受到傷害。原來，榆樹的樹枝不會彎曲，結果冰雪上在上面越積越厚，直到將其壓斷，使樹備受摧殘。而松樹卻與之相反，在冰雪的負荷超過了自己承受能力時，便會把樹枝垂下，積雪得以掉落，它能夠像下雪前一樣枝幹挺拔，巍然屹立。

能屈能伸，剛柔兼濟，正是這種氣度和風範，使松樹足以經歷了一場場暴風雪的洗禮。

彎腰低頭是一種智慧，大自然給妳上了生動的一課。

有時候，妳明知道不可爲而爲，明知道不是妳的卻去強求，可能是出於盲目的自信，可能是太過好強不服輸，結果只會是不斷的努力換來不斷的挫折。很多事情強求不來，無法得到的就該放手。

和別人發生意見上的分歧，甚至造成語言上的衝突時，妳悶悶不樂，因爲妳覺得都是別人的惡意。

別再耿耿於懷了，回家去擦地板吧，拿一塊抹布，彎下腰，雙膝著地，把妳面前這塊地板來回擦試乾淨，然後重新反省自己在那場衝突中所說的每句話。現在，妳發現自己也有不對的地方了嗎？漸漸心平氣和了吧？

有時候妳必須學會彎腰，因爲這個動作可以讓妳學會謙卑。勞動身體的同時，妳也擦亮了自己的心情。而且，妳還擁有了一塊光潔的地板呢，這是妳的第二個收穫。

聰明的女人必須知道天高地厚，量力而行。有時候覺得自己什麼都不怕，什麼都可以做。把做自己想做的事情看成理所當然，總是把事情想得完美，卻又跌得很慘。

犯錯是很正常的，但常犯錯是不可行的。年輕人衝動是好事，但真理再向前一步就是謬論。凡事過猶不及，如果把握不好這個分寸，不如換個方法和態度來對待身邊的人和事。

面對物慾橫流的世界，當女人難，當一個會彎腰的女人更難，這是一種修行，是一種對人生的理解，必須把自己調整到以一個合理的心態去腳踏實地做人。當然，這其中包含了很多值得人們好好品味的內容。

首先，在姿態上彎腰，時機未成熟時，要挺住；毛羽不豐時，要懂得讓步，所謂「高處不勝寒」，低調彎腰做人也未必不是一件好事。

其次，在心態上低調，不要恃才傲物，不要鋒芒畢露，謙遜是終生受益的美德。

再來，在行爲上低調，適時彎腰，「才大不可氣粗，居高不可自傲」做人不要過於精明。

最後，在言辭上隨和，不要得理不饒人，不要肆無忌憚揭人傷疤，說話時不可傷害他人自尊。

在妳的朋友和他的朋友面前不要表現得像一隻母老虎一樣，不知道天高地厚。男人總是愛面子，在外人面前多留給他面子也沒有什麼不好，更何況他是妳的男朋友，而且自己也能落個賢妻良母的稱號，一舉兩得，何樂而不為。

女人要學會彎腰，學著忍耐，為了妳自己，為了妳身邊愛妳的人。因為這個動作可以讓妳謙卑，彎腰防守對方的同時，妳也擦亮了自己的心情，而且，妳還擁有了讓自己開心的理由。

隨身攜帶笑容

大家常說女人的眼淚是非常厲害的武器，讓男人無法招架。但是，女人還有一件更厲害的武器，那就是動人的微笑。

「梨花一枝春帶雨」的景觀，只出現在漂亮女人的臉上，但燦爛的笑容卻不同。即便我們沒有「天生麗質難自棄」的姿色，但是微微一笑，也會讓人覺得如沐春風。所以，女人必須讓微笑常駐。

在社交場合中，微笑的價值表現得更加淋漓盡致，沒有什麼比它能更迅速的縮短人與人之間的距離了。它是最有益於人際交往的臉部表情，沒有什麼東西能比一個陽光燦爛的微笑更能打動人了。

它能使人產生一種安全感、親切感、愉快感。當妳向別人微笑時，實際上就是以巧妙、含蓄的方式告訴他，妳沒有敵意。這樣妳在給予別人溫暖與鼓勵的同時，妳也就容易博得別人的尊重與喜愛。

只是，妳爲什麼難以做到一直保持笑臉呢？因爲我們的生活中確實不可能一帆風順，難免會有傷痛和挫折，人生常常沉浸在痛苦中。既然一次次心痛、一道道傷痕、一遍遍淚水，都洗不去人生的塵埃，抹殺不了命運中的艱辛，那又何必跟自己過不去呢，綻放一個燦爛的笑臉，這道燦爛的陽光可以帶妳走出生命的陰霾。

和男人相比，女人更容易滿足，所以應該是更容易快樂的。但問題在於，女人也更敏感更脆弱，更容易擔心，所以她們其實並不那麼容易快樂。其實，開心與否，差別只在於妳的心怎麼看待。快樂是一種心境，這種心境是樸實的，存在生活的點滴中。比如一個微笑、一聲問候、一個會心的眼神……都是讓人感到快樂的事。

有一天，一個小孩子拖著比自己還高的大提琴，在走廊裡邁著輕快頑皮的步伐，心情顯然好極了。

一位長者看見便問他：「孩子，你這麼高興，是不是剛拉完大提琴？」他的腳步並沒有停下：「不，我正要去拉。」

這個小孩懂得一個許多大人都不懂的道理：「把你需要做的事情當做一件快樂的事情，而不是你不得不做的、必須忍受的工作。」

握緊拳頭什麼都沒有，張開手便是全部。人生不是苦行，別把情況看得那麼糟，其實每天的生活都不是妳想像的那樣索然無味，萬事如意只是美好的願望，真正實現的又有幾人？生活原本就是由幸福與痛苦連綴而成，痛苦本身就是對生命的提醒和保護。

沒有不遭受挫折與磨難的人生，這一生我們都要經歷太多的風雨和變數，怎麼去看待這些風雨和變數，決定了妳以後的人生。在經歷痛苦的時候總會有一些朋友不時的給予妳關心和照顧，用酸甜苦辣來充實妳的人生，這些都是妳應該看到的快樂與幸福。

人生在世，不要讓自己短短幾十年的光陰在自己悲歎中度過，而是要以一種樂觀積極的心態去尋找快樂，這樣才能讓自己過得更有意義。所以不要將自己的心封閉，讓自己成爲一個真正快樂的女人吧！

世界上的幸福總是有瑕疵的，只要妳有一顆肯快樂的心，就一定能夠看到幸福的所在。妳必須掌控好自己的心舵，下達命令，來支配自己的命運，尋找自己的快樂。只有具備了淡然如雲、微笑如花的人生態度，任何困難和不幸才能被煉成通往平安的階梯。

一位老婦人，患了一種十分疼痛的疾病，丈夫用盡任何辦法都無法解除她的痛苦，最後丈夫採用唱歌的方法，竟然十分靈驗。

因為老婦人特別喜歡唱歌，音質很好，年過花甲還像童聲一樣細緻。於是丈夫每天學新歌唱給老婦人聽，她一聽便喜歡上了，就跟著學、跟著唱，唱得忘記了身體的痛苦。

後來，老婦人的病好了，唱歌的習慣仍然保持下去。有時候他們在家裡唱，有時候到樓下庭院唱，有時候還裝年輕，一個在樓上、一個在樓下對唱情歌。

逛街時遇到夫妻在吵架，他們就滿臉笑容的站在一旁唱「甜蜜蜜」，唱到對方住手且表示永遠不再打架；他們還參加歌唱比賽；他們的笑容和快樂感染了鄰里間的老人們，於是老人們也跟著他們倆一塊手舞足蹈的唱歌。

看到老夫髯鬚飄飄、老婦鶴髮童顏的快樂模樣，每個人都深受感染。

明明身上的疼痛難忍，還又唱又笑的，老婦人傻嗎？她當然不是失去知覺，但是愁眉苦臉就可以趕走人生的痛苦嗎？

只有劃著的火柴才能點燃蠟燭，同樣，只有充滿快樂的人才能把自己的良好情緒傳染給別人，激發對方的快樂。一個女人如果神情倦怠、無精打采、愁眉苦臉、唯唯諾諾，又有誰喜歡和她交往呢？那種總是有著無窮煩惱和擔憂的女人，會讓人避之唯恐不及。

那些明星，爲什麼要求化妝師替他們化「笑容妝」呢，因爲幾乎所有人笑起來都比不笑好看。做一個笑靨如花的女子吧，在灰暗單調的生活底色中，也許有一天妳會發現，我們最終渴求的也許只是一張笑臉，我們的、我們所關心的人的。所以，何不就從自己做起，試著給周遭的人一張燦爛的笑臉呢？

妳能快樂的活著，是一種幸福。如果總是能夠把笑臉帶給別人，讓別人和自己一樣快樂，豈不是更大的幸福？人生的意義就在於能夠製造幸福，爲自己，也爲他人，因爲他人在接受妳的快樂同時也會用他們的快樂來回饋妳。所以，在工作中、在生活中，我們要學會以一顆快樂的心去感染別人，讓快樂洋溢在我們身邊。

每個人都喜歡與精神飽滿、熱情洋溢的快樂之人打交道。快樂和笑容是我們能吸引別人、打動別人並贏得別人好感的前提之一。

所以，假如妳身處困境，更要保持燦爛的微笑，它會爲妳帶來好運。

當別人心中的陽光

哪個女人不是夢想著成爲男人心中的女神？但是有一些「傻」女人，她們不要做別人心中的女神，而是要成爲他們心中的陽光。因爲女神總是冷冰冰的高不可攀，但陽光溫暖燦爛，是每個人心嚮往之、不可或缺的。

提到陽光，第一個蹦到嘴邊的詞，大概就是燦爛，沒有陰霾、沒有淒風；一派自然，溫暖正向。提到陽光女人，首先想到的是一個健康的女人，她朝氣蓬勃，具有陽光燦爛的心態，腳踏實地的作風，自食其力的信心。

一個陽光女人，不管她是年輕還是年長，帶給家庭和社會都是朝氣蓬勃、積極向上的希望和歡樂，正是這種心態，讓她們健康成長，讓男人們的道德品質和精神力量得到最可靠的支持和保證。

女人天生就應該是有魅力的，給人一種清新或是美好的感覺，彷彿一道陽光，給人以溫暖，這才是女人應該努力達到的境界。

有一位女作家很本色的生活，她不穿華麗的衣服，不故作年輕的修飾自己，她主張素顏的自然美，她關心自己和人們的靈魂。

她說：「我認為快樂和豐富的精神生活，對我來說是最有價值、最有意義的。我再有錢也不買名牌，我只選擇適合我的東西。一個女人有人愛自然好，沒有也不必委屈自己去迎合，靠失去自我取悅他人是不能長久的。」

這位女作家雖然已經年過半百，過著單身生活，孩子已經結婚。她確實有許多異性追求者，可是她卻不著急，她認為一個人的單獨生活其實很適合自己，如果要找伴侶，那一定得是自己的知音，在一起不是為了形式上有個丈夫，必須是靈魂上的伴侶。她認為陽光女人應該淡泊名利，活得坦蕩、理直氣壯，活得清醒明白，活得真實自然，要做別人心中的陽光女人，更必須要寬容和善解人意。

一位編輯面對丈夫的外遇，經過激烈的爭吵，態度逐漸冷靜，她說：

「對愛情要有一顆平常心，多麼熱烈的愛情也會燃燒殆盡。很少有人一生只愛一次，十次有九次的戀愛以分手告終，所以要以平常心看待歡聚與別離。歡聚時珍惜，別離時揮揮衣袖，不帶走一片雲彩。沒有了誰，日子還是繼續過。好聚好散，千萬不要一哭二鬧三上吊，那樣只會使自己變得可悲。所以我對丈夫外遇的態度是——第一，他是否有外遇，我不會主動去打聽，更不會去捉姦，因為這是他自己的私事；第二，如果他有外遇，能按隱私的規則自律，做到不讓我知道，這便是他的聰明；第三，假如外遇曝光，而他又不主動與我溝通，甚至企圖隱瞞事實，這就是他愚蠢；第四，如果他能坦誠的與我深切討論我們的婚姻現狀，並共同做出選擇，這算是他的明智。」

結果她愚蠢的丈夫害怕她離開而隱瞞外遇的事實，又笨得欲蓋彌彰，事情敗露後咬緊牙關不承認，最後落得離婚一途。

女性只有領悟了生活真諦，才能有如此的胸懷和灑脫。陽光女人是有修養的人，寬容和善解人意是基本素質，包括對家人、朋友和外人，投緣和不投緣，對人不刻薄不苛求，懂得「尺有所短，寸有所長」，人無完人的道理。當然不計較不等於不辨優劣和處事糊塗，而是善於化干戈爲玉帛，能夠建設性的解決問題。

能夠不以財富作爲締結婚姻或者轉移情感的條件，富不驕貧不餒，依然熱愛生活繼續奮鬥，是陽光女人的標誌之一。

陽光女人有一顆平常心。陽光女人心態平衡，樂觀豁達，總會遏制嫉妒。她深知，人與人、物與物是沒有比較性的，嫉妒只會傷害自己，跌入苦海的邊緣。

而平常心將帶給一個人重新獲得生命的勇氣，鼓舞她信心百倍的去迎接人生中的另一個幸福時刻。雖然也經歷了許多的坎坷，仍能平靜的對待一切，浮沉不亂，榮辱不驚，坦然接受社會對自己的評價，知道自己是一株小草，就不會妒忌參天大樹，在自己頑強生存的同時，爲大樹的偉岸而欣慰。所以，再繁瑣的事情，再嚴峻的課題，再深重的死結，在陽光女人面前也會退避三舍。

陽光女人更有一顆愛心，富有陽光的燦爛和溫暖的愛心，她熱愛生活、熱愛工作，愛自己、愛家人，愛世間一切可愛之物；珍惜親情、友情、愛情，心地善良、樂於關心周遭的人們。

在寒冷的冬夜裡，她能不斷的替你的杯子裡續上滾燙的熱茶，讓平淡甚至艱苦的生活充滿溫馨；在繁忙的日子裡，她能微笑著面對突如其來的壓力和困難；會把自己的善良分享給人們，為不幸的人灑下同情的淚水，向有難的人伸出援助之手；在勞累艱辛中，她的目光始終如陽光般溫暖、明媚。

陽光女人，靜中凝重，動中優雅，坐立端莊，行走瀟脫。陽光女人像水一樣的柔軟，風一樣的迷人，花一樣的絢麗。陽光女人，無需修飾，是天然質樸與內在含蓄的完美結合，不管走到哪裡，永遠都是一道看不完的美麗風景！

歲月雖會讓容貌、外型改變，讓女人失去美麗，不再年輕，但內心充滿著陽光，是女性永遠保持美麗的法寶。做個內心充滿陽光的女人，做個播撒陽光的女人，心海中又增添了一份美麗的收穫。

無論妳的外在條件如何，任何一個女人，總能做到姿態溫柔、苗條活潑、輕盈自然，表情蘊含內在美，和藹可親、容易相處，言談舉止自然適當，大方得體吧？

溫婉迷人、超凡脫俗的韻味，會讓妳成爲別人心中的陽光，讓妳成爲一個永遠難以忘懷的女人。自信美麗，神采飛揚，蕙質蘭心，不斷修練自己，妳就會越來越有魅力，成爲人人心中的陽光。

善解人意的台階

「傻」女人的「傻」，從來都不是真傻，她們的無知，不是真正的不懂，而是佯裝不懂。很多時候，某些事情大家都心照不宣、沒人點破，妳又何必傻乎乎非說出來不可呢？自以爲比別人聰明，實際上才是真的傻。

很多女人會覺得心直口快是一個褒義詞，所以一直對自己直接的個性持肯定態度。但是一旦接觸這個社會，妳馬上會發現心直口快帶給妳的負面影響實在太大。

快嘴的女人往往惹人討厭，而且很容易替自己帶來麻煩。何必表現得那麼聰明呢，尤其是在妳洞察了對方心思的時候。將心比心的想一想，沒有人喜歡被別人猜透心思，即便妳看穿了對方意圖，也不要輕易說出來，動動腦筋，換個思路，反而能夠更佳的解決問題。

有一位外國貴賓到中國參訪，中國為他舉辦了盛大的招待宴會。宴會上使用的酒杯是一套極其珍貴的九龍杯，其形古樸、蒼勁、玲瓏剔透，特別是龍門口上那顆光耀奪目的明珠更是巧奪天工。有人被這精美而又珍貴的藝術品深深吸引住了，拿在手上仔細欣賞讚不絕口，嘖嘖稱奇。也許是由於飲酒過多，他竟將一隻九龍杯有意無意的順手裝進了自己隨身攜帶的公事包。我方陪同人員見狀後，覺得直接索回不太禮貌，甚至還會影響到兩國的關係，眼見客人夾起公事包與沖沖的離去，心裡焦急萬分。

陪同人員將這一情況向當時正在視察工作的總理做了匯報。聽後指示道：「九龍杯是我國的稀世珍寶，一套三十六只，缺一豈不可惜？不要就這樣讓他輕易拿走，當然追回也應採取最為合適的辦法。」當來得知這位貴賓將要去觀看魔術表演時，思忖片刻，心生一計，便把有關人員召來，吩咐了一番。

晚上，明亮的表演大廳裡熱鬧非凡，精彩的魔術表演令觀眾如癡如醉。特別是那位貴賓被中國演員精湛的技藝所折服，一個勁地熱情鼓掌。台上表演正是高潮，只見一位魔術師輕步走上舞台，很是瀟灑地將三隻杯子擺放在一張桌子上，觀眾定睛一看，原來是奇光耀眼的九龍杯。再看魔術師舉起手槍，朝九龍杯扣動扳機，隨著一聲槍響，轉眼間那三隻九龍杯只剩下了兩隻，另一隻不知去向，觀眾們興趣熱烈，既為魔術師的技藝歎服・又都在討論：那只九龍杯變到哪裡去了？

這時，魔術師對觀眾們說道：「觀眾朋友們，那只杯子剛才被我一槍打進了坐在前排的那位客人的皮包裡了。」說完，便輕步走下台來，對那位貴客欠身道：「先生，能打開您的包嗎？」貴客明知是計，但不好作聲，便從包裡將九龍杯取了出來，當他看到滿場的觀眾都在熱烈鼓掌時，也笑了起來。珍貴的九龍杯就這麼被留了下來。

人活一張臉，樹活一張皮。面子問題可大可小。「心直口快」也許是一種美德，然而因言語不當而產生矛盾確實是不好的。在處世上，女人不妨裝裝傻，即使猜透對方心理，也不輕易顯露，爲對方留足面子，相信他會體察到妳的良苦用心，從而維護甚至增進雙方的友誼和團結。

英國十九世紀政治家查士德斐爾爵士曾這樣教導過他的兒子：「要比別人聰明，就不要告訴人家你比他更聰明。」蘇格拉底也在雅典一再地告誡他的門徒：「你只知道一件事，就是你一無所知。」這兩位智者用絕妙的語句為我們指出了言語行事上所有應該遵循的行為準則。

「如果妳想得罪這個人，妳就表現得比他優越；如果想得到朋友，就讓妳的朋友表現得比妳優越。」自以為聰明的人往往不得善終，因「聰明」而成為別人的眼中釘、肉中刺。而真正大智大慧的人，表面上都似乎有點「愚」。

作為一個弱女子，對別人意圖的洞察力越強，妳自身越安全。但假如妳把什麼都說出來，那就另當別論了。想想看，假如妳像一個高明的心理專家那樣，總是可以準確地掌握對方的心理動態。在妳面前，別人就像是被人扒光了衣服，所有的祕密都一覽無遺。對方會因為妳的「善解人意」而興奮異常嗎？當然不是，沒有任何人願意別人將自己完全看透，那會讓他非常沒有安全感。所以，妳看清楚別人的意圖也就罷了，將它藏在心裡就夠了，千萬不要讓對方知道，更不要把對方的意圖解釋給別人聽。這樣一來，妳很可能會招來別人的嫉恨。

然而女人最容易犯的錯誤就是把小聰明當大智慧。很多機靈的女人，往往有一點小聰明，而且她們試圖要抓住每一個顯示自己聰明的地方，迫不及待地希望對方能注意到自己的智慧，而這無疑使對方的優越感得到挫傷。所以，這一點要謹記。

孔子年輕的時候，曾經受教於老子。當時老子曾對他講：「良賈深藏若虛，君子盛德容貌若愚。」其表層意思是說善於做生意的商人，總是隱藏其寶貨，不令人輕易見之；而君子之人，品德高尚，而容貌卻顯得愚笨。而其深意是告誡人們，過分炫耀自己的能力，將慾望或精力不加節制地濫用，帶不來任何的益處。

人們往往會對那些才華出眾而又喜歡自我外露的人產生反感，而那些人自己吃大虧而不自知。所以，不管是否清清楚楚地知道對方的心思，都應該達到善於隱匿，洞察隱祕，佯裝不知，表面上看似沒有，實爲充滿的境界。

妳知道太多別人不願意讓人知道的事情，本身就是一種過錯，妳又何必將這種過錯公之於眾呢？所以，也許妳是一個聰明的女人，天生有一雙火眼金睛，世事洞明，可是對一切都洞若觀火就足夠了，千萬不要再說出來。否則，到頭來傷了的不僅僅是眼睛，還會連累妳的人生。

真誠感動陌生人

「逢人只說三分話，莫要全拋一片心」，凡是精明人都懂得這句爲人處世的俗語，還有「陰者勿交，傲者少言」等類似的箴言。但會「裝傻」的聰明女人不這麼想，在陌生人面前，她們會讓妳感覺到她的真誠。

要知道，之所以對陌生人保持戒心，主要是生怕自己交錯友。可這樣人與人之間無形之中就多了保護層，讓妳與人相處起來很難。卻不知，是自己將自己先封閉起來，人人都將其封閉了，妳又如何進入？

孟子云：「欲見賢人而不以其道，猶欲其入而閉之門也。夫義，路也；禮，門也。」想見賢人而不按合適的方式，那就像要人進來卻又把他關在門外。用什麼方式，「義」，「禮」也。孟子的這句話就是說爲人要真誠待人，假如妳以誠待人，別人也會以誠待妳。反過來也可以這樣說：每個人都希望得到別人的真誠相待，要想別人真誠待妳，妳就應當首先主動真誠地去對待別人。妳怎樣待人，別人也會怎樣待妳。妳與人爲善、真誠待人，別人通常也會反過來如此待妳。「傻」女人沒有太多的心眼，反而得到了與人交往的精髓。

也許妳會說，在陌生人面前，本來女人就處於比較危險的弱勢地位。假如我真誠待人，別人卻不真誠待我，那我豈不是很傻、很吃虧嗎？

在一個漆黑的夜晚，一個慣於搶劫的男子在地鐵站盯上了一位婦女，並尾隨她在一個偏僻的小車站下了車。此時，夜深人靜，他準備就在那裡伺機下手。他僅走幾步就趕上了這位婦女，不料這位婦女突然轉過身來，以十分誠懇而信任的口氣對他提出請求說：「天黑人少，一個單身女子走路太不安全了，我很高興能在這裡碰到你，請你護送我一段路好嗎？」

這位婦女的舉動，使準備搶劫的男子一時不知所措，只是很茫然地點頭答應了。一路上，婦女把他當做熟人一樣聊著天，絲毫沒有把他當成歹徒加以防備的意思，使得這個原想作案的男子，不知不覺地將她一直送到了家門口，而始終沒有採取任何行動。

這位婦女情急之下，運用的就是「裝傻」的方法，她假裝不知道男人的意圖，真誠地尋求幫助，結果使自己避免了一場災禍。雖是一招險棋，但她贏了，妳能說她傻嗎？

不能否認，生活中有這樣的人：虛偽、狡詐、陰險，一肚子小心眼，玩弄他人的真誠，戲弄他人的善良，算計他人的毫無防備，蹂躪他人的真情實意，以怨報德、以惡報善。

但是，這種人在生活中畢竟是極少數，當他們的嘴臉充分暴露後，必將被眾人所指責和唾棄，並被群體厭惡和排斥。

因此，當我們的善良和真誠被心懷叵測的人愚弄之後，吃虧更多、損失更大的並不是自己，而是對方。傷人的人在承受妳忿恨的同時，還要承受他人的蔑視以及被群體排斥的孤獨。在與人相處中，妳付出的十分真誠得到了八、九分的回饋，就算是情有所值、利大於弊。

有的人怕真誠待人吃虧上當，因此想別人主動先真誠待己。妳真誠待了我，我再真誠待妳，這是被動爲善的人際關係態度。如果人人都這樣想，人人都不肯先付出，那這個世界上還能找到真誠嗎？

很多人都覺得，積極主動地付出友善真誠僅僅是講如何對待別人，其實準確地說，友善真誠地待人更重要的是指如何善待自己。妳待人以善意，別人以善意相報，妳待人以真誠，別人以真情回饋。這也就是我們經常所說的，「將心比心」，「以心換心」。

茱蒂・華特在紐約一家極具聲譽的銀行裡工作，她被指派調查一家公司的業務情況。華特知道有家實業公司的經理對這情形最清楚，可以提供她所需要的資料，就去拜訪那位經理。正當華特被引進經理室時，一個年輕女子由門外探頭進來，告訴那位經理說，她那天沒什麼好郵票給他。

經理向那女郎點點頭後，接著向華特解釋說：「我在替我那十二歲的孩子收集郵票。」

華特坐下說明她的來意，馬上提出她的問題。可是那位經理卻是含糊其辭，不著邊際地應付了一陣。很明顯，他是不願意說。華特用盡了辦法，也無法使他多說一些。這次談話簡短枯燥，沒有一點效果。

華特這下真的不知該怎麼辦才好。後來，她突然想起他那個女祕書對他說的話，郵票、十二歲的小孩，同時華特又想到，她自己所在銀行的國外匯兌部，常和世界各地通信，有不少平時少見的外國郵票，現在正可以派上用場。第二天的下午，華特再去拜訪那位經理，同時傳話進去，她有很多郵票，特地帶來給他的兒子。妳說，華特是不是受到熱烈的歡迎？那是當然的事，經理緊握著華特的手，臉上滿是喜悅的笑容。他看了看郵票，一再地說：「我的喬治一定喜歡這一張。嗯，這一張更好，那是很少見到的。」

他們談了半個小時的郵票，還看了他兒子的相片。隨後，不需要華特再開口了。他費了一個多小時的時間，提供出各項華特所需要的資料。他說完自己所知道的情形後，又把公司裡的職員叫來問，接著還打了幾個電話問他的朋友，而且還指出那家公司財務狀況的各項報告、函件，使華特得到極大的收穫。因此，這個世界，妳首先獻出一點愛，別人就會為妳喝彩。

這個故事可以讓妳明白：如果我們想結交朋友，就要先爲別人做些事情——那些需要花時間、精力、體貼、奉獻才能做到的事情。如果妳要別人喜歡妳，或是改變妳的人際關係，如果妳想幫助自己也幫助別人，請記住：真誠地關心別人！

小柯來南京時，是在一家公司做職員。剛進公司時，有一個叫阿娟的大姐，也是個普通的職員，對他非常熱情，經常噓寒問暖，初來南京習不習慣呀？有沒有困難？而且還幾次請小柯到她家吃飯。讓小柯感覺阿娟像他的母親，讓他這孤獨的遊子，在南京這塊舉目無親的土地，感受到溫馨的人情味。

後來，小柯發現阿娟不僅對他一個人這樣，對許多新來的同事都是如此。誰有困難，第一個出現的一定是她；誰家有事，她一定熱情相助。有人說她太傻，這樣做有什麼好處？一年後，公司的後勤部長改選，結果她以絕對優勢的票數當選，一躍成為公司的高級領導。真誠的關愛就好像一種回音，妳送出什麼它就回送什麼，妳播種什麼它就收穫什麼，妳給予什麼，就得到什麼，妳關愛誰，誰就關愛妳。

無數事實證明，在人際交往中，真正打動人心的往往是真誠。最能推銷產品的人並不一定是口若懸河的人，而是善於表達真誠的人。如果妳能夠用得體的話語表達出妳的真誠時，妳就贏得了對方的信任，建立起人際之間的信賴關係，對方也可能由信賴妳的人進而喜歡妳說的話，更進而喜歡妳的建議。

大多數情況下，當妳試圖取悅他人，尤其是當妳擔心說真話或表達內心的真實感受會讓人嫌棄時，僞善就會不期而至了。如果不是出自本意，請不要假裝對某件事情表示關切。這樣的結果，只會讓別人覺得妳虛僞。如果妳是一個聰明的女人，就要學會收起妳的疑心和精明，傻傻地真誠待人，這樣妳才能得到別人真心的喜歡和真正的友情。

01 尋找自我

02 成長蛻變

「裝傻」是一種境界，是聰明女人的處世哲學。

「裝傻」並不是對人唯唯諾諾、忍氣吞聲，任何事情都有它的模糊地帶，而「裝傻」就是換一種方式，將生活中遇到的問題模糊處理。這也是老子所謂「大智若愚」的觀點，這才是真正的智慧。

幸福第三站

04

裝傻哲學

處世指南

永遠不能比老闆聰明

一位在外企管技術的部門經理，在上任的第一個月內，他就向公司中國區的CEO指出，他感到公司內部技術部門的管理通路不太順，但是「請放心，讓我來搞定」。半年內，經過多次和歐洲總部更大的老闆之間不斷地爭吵、溝通之後，他竟然真的搞定了！

但這個戰績非但沒為他贏得中國區CEO的表彰，反而帶來了不少副作用，比如猜忌和冷落。此後CEO經常對他使用這樣的句式：「你那麼能幹，相信這件事情你一定能……」「你多聰明啊，這點小事怎麼能讓你……」然後把一堆苦活扔給他，並且拒絕提供任何資源協助。兩次過後，技術經理頓時覺得自己犯了傻。犯傻的原因是當初太逞強，沒有裝傻。如果當初只是把問題呈報CEO，由CEO想辦法，或者被CEO勒令想辦法，一言以蔽之，是在C

EO的引領下把問題解決的，就不會被認為「那麼能幹」或者「多聰明」了，也許如今能得到CEO更多的憐愛與幫助，一時的聰明讓自己成了地道的傻瓜。

這樣的「聰明」如今還在各個辦公室裡一場接一場地演繹著。也許直到遇上因爲太聰明而犯了傻的時候，才能意識到，原來坐在隔壁那個唯唯諾諾的傻瓜，當初比自己還要聰明。

人要生存在社會上，就需要學會聰明，學會生存之道。但不是學小聰明，小聰明的人只能聰明一時而不能聰明一世。大智若愚，表面上糊塗的女人，雖不計一時的得失卻能聰明一世，明哲保身，始終立於不敗之地，在人性的很多領域都有這種現象。

在人性的叢林裡，我們必須時刻保持清醒。誰是我們的朋友？誰是我們的對手？可以依靠誰，不可以依靠誰？應該怎麼去戰勝對方？應該怎麼去上台階？對於這些問題，我們不能不聰明。這是生活的一個方面，也是我們起碼的生存條件。離開了這些認識，我們將生活在一片盲目之中而不知所措。但保持清醒頭腦的同時，妳最好不要表現得比別人聰明。

有一個牽涉到一大筆錢和一項重要的法律問題的重要案子，一位年輕的女律師參加了這個案件的辯論。在辯論中，一位最高法院的法官對年輕氣盛的她說：「海事法追訴期限為六年，妳說對嗎？」

這位極有才華的女子先是愣了一下，看了看法官，然後率直地說：「不。庭長，海事法沒有追訴期限。」

後來，這位女子對朋友談及此事時說道：「當時，法庭內立刻靜默下來。似乎連氣溫也降到了冰點。雖然我是對的，他錯了；我也如實地指了出來。但他卻沒有因此而高興，反而臉色鐵青，令人望而生畏。儘管法律站在我這邊，但我卻鑄成了一個大錯，居然當眾指出一位聲望卓著、學識豐富的人的錯誤。」這位年輕的女律師的確犯了一個「比別人正確的錯誤」。在指出別人錯了的時候，怎麼就不能做得更高明一些呢？

對此，可以採用若無其事的方式提醒別人，提醒他不知道的好像是提醒他忘記了的。

倘若有人說了一句妳認爲是錯誤的話，妳這樣說不更好嗎？「唔，我倒有另外一種想法，但也許不對。我常常弄錯。如果我弄錯了，我很願意得到糾正。」這將會收到神奇的效果。無論在什麼場合，試問，難道有人會反對妳說「我也許不對」嗎？

對於指出別人的錯誤，無論妳採取何種方式：一個蔑視的眼神，一種不滿的腔調，一個不耐煩的手勢，都有可能帶來難堪的後果。妳以爲他會同意妳所指出的嗎？絕對不會。因爲妳否定了他的智慧和判斷力，打擊了他的榮耀和自尊心，同時還傷害了他的感情。他非但不會改變自己的看法，還要進行反擊，這時，妳搬出所有柏拉圖或康德的邏輯對其也已毫無作用，反而會適得其反。

聰明意味著理智與理性，人要想在叢林中行走必須擁有聰明的頭腦，這樣才不至於決策失誤，才能更好地實現自己的目標，去和別人競爭，去戰勝別人，從而實現自己的利益。然而，妳不需要讓妳的聰明表現得淋漓盡致。有時候，裝傻裝愚的威力更大，職場上更是如此。

在與上級相處的時候，也是糊塗總比聰明好。蕭何便是很好的例子。當年與劉邦共打天下的各位有功之臣，都非平庸之輩，而最後皆被劉邦和呂氏疏遠和加害，惟有蕭何能安度晚年，爲何?蕭何確實有一幅難得的糊塗。他從來對一些大事持漠不關心的態度，這樣劉、呂便放鬆了對他的注意，從而聰明地保全了自己。

妳要展現的是妳的能力，偶爾還有妳的忠心和絕對服從。不亢不卑才是妳應有的態度。領導的心意是需要揣摩的，但即使妳揣摩出來的全中，也不能表現出來。同事嫉妒是一定有的，但要看程度，嫉妒到需要陷害妳的程度，這樣就不得不防。否則，大可一笑置之。

紅潔在一家民營企業做了五年的電話銷售工作，她的頂頭上司是一位精明的女人，也是整個公司的實際掌操人。

紅潔的女上司在用人方面有其獨特一套，用其本身的特點和個人意向相結合，也不乏當人一面背人一面的說法或做法。那麼紅潔該怎麼應對這位精明的女上司呢？

實際上，解決這些組織中的職業困惑，依賴的是健康的心態和視角。只有這樣才能促使妳以樂觀積極的態度努力工作，達成目標。

大多數職場人都意識不到自己是否具備健康的心態和視角，其實很正常。但紅潔現在所處的環境，卻很重要，透過以上事例的分析和瞭解，對馳騁職場的女性提出以下幾點希望：

做好職場中一切的基礎工作。沒有成績的人也許會一時得勢，是因爲可以滿足組織管理者一時的需求。但企業最大的目標就是創造價值，所以「幹好工作」是妳永遠要做的事。

學習而不是品評。上司站在企業高層的位置，比妳有更寬廣的視角、更多的經驗和資源運用能力，虛心學習是對妳有益的心態。

多溝通、多請示、多請教。互動可以使妳更清楚地知道上司的標準，也可以使妳們彼此更熟悉，讓領導知道妳的潛力和願望。領導的信息來源越充分，判斷、決策就越快，包括提拔任用妳。

作爲下屬，一定要注意處理好和老闆、上司的關係，人都愛表現自己的聰明和才能，但是，人在屋簷下，不得不低頭，但要記住的是：妳絕對不會比老闆聰明。在老闆面前有時適時地裝傻是聰明的技巧。

小狗比狐狸更討喜

小狗湯姆到處找工作，忙碌了好多天，卻毫無所獲。他垂頭喪氣地向媽媽訴苦說：「我真是個一無是處的廢物，沒有一家公司肯要我。」

媽媽奇怪得問：「那麼，蜜蜂、蜘蛛、百靈鳥和貓呢？」

湯姆說：「蜜蜂當了空姐，蜘蛛在搞網絡，百靈鳥是音樂學院畢業的，所以當了歌星，貓是警官學校畢業的，所以當了保安。和他們不一樣，我沒有接受高等教育的經歷和文憑。」

媽媽繼續問道：「還有馬、綿羊、母牛和母雞呢？」

湯姆說：「馬能拉車，綿羊的毛是紡織服裝的原材料，母牛可以產奶，母雞會下蛋。和他們不一樣，我是什麼能力也沒有。」

媽媽想了想，說：「你的確不是一匹拉著戰車飛奔的馬，也不是一隻會下蛋的雞，可你不是廢物，你是一隻忠誠的狗。雖然你沒有受過高等教育，本領也不大，可是，一顆誠摯的心就足以彌補你所有的缺陷。記住我的話，兒子，無論經歷多少磨難，都要珍惜你那顆金子般的心，讓它發出光來。」

湯姆聽了媽媽的話，使勁地點點頭。

在歷盡艱辛之後，湯姆不僅找到了工作，而且當上了行政部經理。鸚鵡不服氣，去找老闆理論，說：「湯姆既不是名牌大學的畢業生，也不懂外語，憑什麼給他那麼高的職位呢？」

老闆冷靜地回答說：「很簡單，因為他很忠誠。」傻傻的小狗與精明的狐狸相比，小狗絕對是老闆更歡迎的。因為聰明的老虎都知道，與其放一隻狐狸在身邊給自己出謀劃策，倒不如放一隻狗在身邊。因為遇到危難時，第一個棄老虎而去的肯定是狐狸，而能和老虎出生入死的肯定是那隻狗。

所以在企業裡，妳會看到老闆賞識的員工往往非常忠誠，儘管他們可能不是最精明能幹的。但老闆認爲，只有忠誠的員工，他們的聰明和智慧才能讓自己踏實和放心。這個道理，聰明的「傻」女人都明白。

確實，這個世界需要秩序，而且是嚴密的秩序。這不僅僅是人類時間的法則，也是自然界的規則。在蜜蜂和螞蟻的世界裡，所有的工蜂必須忠誠於自己的統帥。他們必須任勞任怨地供養著蜂王，忠誠於蜂王，只有這樣，才能確保整個蜜蜂世界的和諧統一，才能保證它們是一個充滿戰鬥力的團體，可以抵禦外界的一切突發狀況。

一個團體必須有嚴格的秩序，才能確保行動的一致性和協調性。而對於團體核心的忠誠，則是整個團隊實現自己目標的關鍵因素。依靠忠誠，才能形成巨大的合力，才會無堅不摧，戰無不勝。

對於一個企業而言，員工必須忠誠於企業的領導者，這也是確保整個企業能夠正常運行、健康發展的重要因素。員工的這種自下而上的忠誠對於企業來講是必須的。妳如果要玩某種遊戲，就必須遵守遊戲規則，否則很快會被淘汰出局。

很多老闆都認爲，最有價值的助手一個最基本也最可貴的品質就是忠誠。如果妳足夠優秀，自信能夠得到重用，那麼妳需要讓老闆感受到妳的忠誠。因爲事實上老闆正需要妳這樣一個優秀又忠誠的幫手。

珍妮是一家網絡公司的技術總監。由於公司改變發展方向，她覺得這家公司不再適合自己，決定換一份工作。

以珍妮的資歷和在ＩＴ業的影響，還有原公司的實力，找份工作並不是件困難的事情。有很多家企業早就盯上她了，以前曾試圖挖走珍妮，都沒成功。這一次，是珍妮自己想離開，真是一次絕佳的機會。

很多公司都拋出了令人心動的條件，但是在優厚條件的背後總是隱藏著一些東西。珍妮知道這是為什麼，但是她不能因為優厚的條件就背棄自己一貫的原則。珍妮拒絕了很多家公司對她的邀請。

最終，她決定到一家大型的企業去應聘技術總監，這家企業在全美乃至世界都有相當的影響，很多ＩＴ業人士都希望能到這家公司來工作。

對珍妮進行面試的是該企業的人力資源部主管和負責技術方面工作的副

總裁。對珍妮的專業能力他們並無挑剔，但是他們提到了一個使珍妮很失望的問題。

「我們很歡迎妳到我們公司來工作，妳的能力和資歷都非常不錯。我聽說妳以前所在公司正在著手開發一個新的適用於大型企業的財務應用軟件，據說妳提了很多非常有價值的建議，我們公司也在策劃這方面的工作，能否透露一些妳原來公司的情況，妳知道這對我們很重要，而且這也是我們為什麼看中妳的一個原因。請原諒我說得這麼坦白。」副總裁說。

「妳們問我的這個問題很令我失望，看來市場競爭的確需要一些非正常的手段。不過，我也要令妳們失望了。對不起，我有義務忠誠於我的企業，即使我已經離開，到任何時候我都必須這麼做。與獲得一份工作相比，信守忠誠對我而言更重要。」珍妮說完就走了。

珍妮的朋友都說她傻，都替她感到惋惜，因為能到這家企業工作是很多人的夢想。但珍妮並沒有因此而覺得可惜，她為自己所做的一切感到坦然。

沒過幾天，珍妮收到了來自這家公司的一封信。信上寫著：「妳被錄用了，不僅僅因為妳的專業能力，還有妳的忠誠。」其實，這家公司在選擇人才的時候，一直很看重一個人是否忠誠。他們相信，一個能對自己原來公司忠誠的人，也可以對自己新的公司忠誠。這次面試，很多人沒有透過，就是因為，他們為了獲得這份工作而對原來的企業喪失了最起碼的忠誠。這些人中，不乏優秀的專業人才。

忠心耿耿的人也許看起來有點傻，但在哪裡都受歡迎。一個人的忠誠不僅會讓他贏得機會，還能讓他贏得別人的尊重和敬佩。取得成功的因素最重要的不是一個人的能力，而是他優良的道德品質。所以，阿爾伯特·哈勃德說：「如果能捏的起來，一盎司忠誠相當於一鎊智慧。」

所有公司都希望員工保持忠誠，每個老闆都希望能遇到那些對公司忠誠不二的員工。著名商業大師巴納姆認爲：「如果妳得到一個好幫手，最好能一直把他留在身邊，而不要換來換去。他每天都能夠有新的收穫，妳可以因爲他經驗的積累而獲益匪淺。他對妳的價值今年比去年大，無論如何妳都不應該讓他離開，如果他沒有不良習慣並且一直對妳忠心耿耿。」妳看，老闆們並不想頻繁地更換自己的員工，如果作爲員工的妳對老闆忠誠的話。

那些忠誠的「傻」女人，在困境中不會違背集體的利益，甚至爲了團體的利益而不惜犧牲自己的利益。但她們明白，自己這樣做的受益者並不僅僅是企業，最大的受益者其實是自己。因爲，一種職業的責任感和對事業的忠誠一旦養成，就會讓她成爲一個值得別人信賴的人，可以被委以重任的人。

勇於承認錯誤

很多時候，失敗往往不是因爲人們太傻，而是因爲自認爲很聰明。自認爲聰明的人，往往會因爲自己的精明而壞事。事實上，在一個比自己高明很多的人面前，自作聰明的人是討不得半點好處的，還不如「坦白從寬」了。

兩位交往甚密的學生在杜克大學修化學課。兩人在小考、實驗和期中考試中都表現甚優，成績一直是A。在期末考試前的週末，他們非常自信，於是決定去參加弗吉尼亞大學的一場聚會。由於聚會太盡興，結果週日這天就睡過了頭，來不及準備週一上午的化學期末考。他們沒有參加考試，而是向教授撒了個謊，說他們本已從弗吉尼亞大學趕回來，並安排好時間複習準備考試，但途中輪胎爆了。由於沒有備用胎，他們只好整夜待在路邊等待救援。現在他們實在太累了，請求教授可否允許他們隔天補考？教授想了想，同意了。

兩人利用週一晚上好好準備了一番，胸有成竹地來參加週二上午的考試。教授安排他們分別在兩間教室做答。第一個題目在考卷第一頁，佔了十分，非常簡單。兩人都寫出了正確答案，心情舒暢地翻到第二頁。第二頁只有一個問題，佔了九十分。題目是：「請問破的是那只輪胎？」結果是，兩個學生同時在卷子上乖乖地向教授承認撒謊並檢討。聰明的教授透過這個問題，讓兩個學生的謊話一下被揭穿。能在杜克大學進修的學生絕非不聰明，只是教授更高明。可以想像，兩個學生在做第二頁的時候，一定在心理進行了一番分析，最終選擇了相對保險一些的「坦白從寬」。畢竟，如果之前沒有協商，兩個人選同一個輪胎的概率只有百分之二十五。

辦了錯事的時候，「坦白從寬」不光可以幫妳將風險降到最低，有的時候，甚至可以起到「因禍得福」的作用。因爲這時候，更容易讓人看到妳的品質，對妳有更深刻的瞭解。

一個小鎮新開了兩家魚館，為吸引顧客，雙方都打出「正宗野生魚」的招牌，聲稱店內的魚保證全部是江上漁船直接供貨。

開始的確如此，但隨著兩店經營規模不斷擴大，僅憑漁夫送的鮮魚已難以保證食客所需，再加上近年來水域污染嚴重，野生魚資源越來越少，魚價自然也是「水漲船高」。

孫家魚館老闆為了避免虧損，無奈將魚價抬了上去，以致顧客數量銳減，生意日漸冷清。而劉家魚館老闆頭腦活，他認為不能提價。提了價，誰還來呀？但也不能高進低出，怎麼辦呢？他悄悄以網箱魚替代野生魚，因為價格低，吸引來不少食客。

這天，劉家魚館因為客滿，幾個食客只好轉身到了孫家魚館。幾個人坐下來點了幾條鯉魚，正吃著，其中一個人突然大叫起來，孫老闆聞聲出來一看，只見一位食客被魚嘴內遺留的鉤鉤住了嘴，鮮血淋淋。孫老闆趕緊與店夥伴把受傷的食客送到了醫院治療。一番忙碌下來，孫家魚館不但未收一分錢，反而倒賠了食客一千元醫藥費損失費。

劉家魚館的人見孫家魚館一蹶不振暗自慶幸。間接在言談中透出「看看他孫家魚館不行了，吃魚還鉤破了食客的嘴，還有哪位不要命的食客也去送命」的幸災樂禍。生意眼看做不下去了，孫老闆急得來回踱步，這時，老婆給他獻了一個妙計。

第二天，孫家魚館門前貼出了用大紅紙書寫的醒目的「致歉聲明」，聲明中說：本魚館所供鮮魚由於是漁夫從江中垂釣所得，致使魚鉤留在魚嘴內並逃過服務人員的檢查，最終造成了魚鉤誤傷顧客的事情發生。同時，孫家魚館還保證今後避免此類事情再次發生。

「致歉信」貼出來沒幾天，情況發生逆轉，食客大增，門店冷清變成了門庭若市。原來人們透過「致歉信」明白了孫家魚館的魚是純野生的，要不魚嘴中怎有魚鉤呢？網箱魚自然不可能有魚鉤遺留魚嘴。再說，孫老闆敢於承認錯誤，說明孫老闆魚館誠實守信，不唬人。至於魚價調高的問題，釣的魚嘛，肯定是要比網箱魚的成本高。

有好事者，專門到劉家魚館再仔細品，結果發現味道就是與孫家魚館的魚不一樣，事情傳出去，孫家魚館的生意又重新紅火起來。本是件煩心事，反倒成了表現誠信的好時機！假設孫老闆的老婆不出此妙計，恐怕這件「禍事」就變成了致命傷，飯店就要關門了。

工作中，如果一不小心出了紕漏，一些目光短淺的女人總愛耍小聰明。她們不知道，不肯坦白承擔自己的責任，把耍小聰明作爲處事之道，那麼耍來耍去耍的是自己。做人沒有基本的準則，只考慮眼前的利益，還自以爲是地覺得別人都比他傻，這樣目光短淺的人不會成功。

有錯誤就老老實實承認，並想辦法解決，不要試圖耍小聰明掩飾；做事情就誠信待人，不要貪圖小利丟了原則。心機用得過多，便容易不得要領，或自壞其事，或自相矛盾。聰明是件好事，小聰明卻不然。

西方有這樣一種說法：法國人的聰明藏在內，西班牙人的聰明露在外。前者是真聰明，後者則是假聰明。培根先生認爲，不論這兩國人是否真的如此，但這兩種情況是値得深思的。他指出：「生活中有許多人徒然具有一副聰明的外貌，卻並沒有聰明的實質——小聰明，大糊塗。冷眼看看這種人怎樣機關算盡，辦出一件件蠢事，簡直是令人好笑的……凡這種人，在任何事情上都言過其實，不可大用。因爲沒有比這種假聰明更誤大事了。」

做人還是腳踏實地的好，千萬別耍小聰明，不然只會搬起石頭砸自己的腳。

某招聘現場，某公司正對十餘位求職者進行最後一輪面試：

「妳覺得自己有什麼缺點？」主考官突然問其中一位女性求職者。

「我工作過於投入，人家都說我是工作狂。」她不加思考便脫口而出。

主考官笑了笑：「工作投入可是優點啊，妳說說妳的缺點吧。」

這位求職者並沒有察覺考官態度上的細微變化，頗為自得地喋喋不休：「我是個急性子，為人古板，又好堅持原則，所以易得罪人。另外，我還……」

考官「嘿」了聲，臉呈不悅，手一揮，終止了問話。這位女士的求職結果不言自明。有誰會喜歡一個自作聰明、玩猾頭的人？

她以爲抓住一切機會來展現自己的優點就可以打動考官？沒有人喜歡妳自作聰明，耍弄心眼。「把優點故意說成缺點」，虛僞地掩飾自己，只會惹人反感。

不要耍小聰明，老闆的眼睛都是雪亮的。愛耍小聰明、愛佔便宜的人總想佔便宜：佔他人的便宜，占合作夥伴的便宜，占規則的便宜……結果是，他們把自己的活動空間搞得越來越狹小，這正是「聰明反被聰明誤」。這些所謂的「聰明人」往往爲了眼前的一點蠅頭小利失去了長遠的利益，他們是不折不扣的笨人。而那些老老實實承認錯誤並承擔責任的「傻」女人，才是真的聰明。

不怕吃眼前虧

俗話說：「好漢不吃眼前虧。」在我們許多人的眼睛裡，把「吃虧」看做是蠢人的行爲，其實很多時候，我們的判斷是錯誤的，一些「虧」只不過是事情的表象而已。

俗話又說，放長線釣大魚。志向遠大的人，斷不會爲蠅頭小利爭破頭皮，也不會因爲吃了些小虧而耿耿於懷。劉項楚漢之爭的初期，劉邦兵疲馬弱，百戰百敗，與項羽的正面交鋒無一不吃虧，卻總能在一次次吃虧後重振旗鼓，籠絡民心，只圖一擊制敵。而楚霸王佔盡上風，卻被一次次小便宜沖昏了頭腦，愈發驕狂，破城必屠，逐漸眾叛親離。果然，垓下一敗，這位常勝將軍便無力回天，只得自刎了事。得天下的，竟是那個處處窩囊、處處吃虧的劉邦。聰明的女人不會做好漢，她們懂得吃虧的智慧。

很多女人喜歡斤斤計較，就怕吃虧，其實吃點兒虧不要緊，吃「眼前虧」是爲了能夠得到其他的好處，要想日後不吃虧，吃點「眼前虧」就不算什麼了。

如果有這樣一個狀況發生：妳開車時不慎與別的車擦撞，對方的車只是小傷，甚至可以說根本不算傷，妳不想吃虧，準備和對方理論一番。可是對方車上下來四個彪形大漢，個個怒目圓睜，圍住妳索賠，周圍荒無人煙，妳得不到幫助。請問，妳會不會吃賠錢了事這個虧呢？

如果妳有把握能說退他們，或是好漢能敵八手，而且自己不受傷，妳當然可以不吃。

如果妳既不能說又不能打，那麼也就賠錢了事了。妳說他們蠻橫無理，以多欺少，可是，在人性叢林裡，是不大說「理」這個字的。適者生存，就是這裡的「理」！

從這個假設的例子來看，賠錢就是眼前虧，妳若不吃，另一種情況可能是遭到一頓拳毆或是車子被破壞。所花的費用以及損失恐怕就不是賠的那些錢了。

所以說，虧該吃還是要吃的，目的是爲了以後更好的發展，這與爲五斗米折腰一樣。人無論怎麼立志高遠，胸懷大志，也得屈服於生活的壓迫。生活是一個無比深廣的海洋，淺灘暗礁星羅棋布，讓妳無處躲藏逃匿。而人不過是一艘小船，行進在顛簸的大海上，它首先要考慮的不是航向遙遠的彼岸，而是如何能在波濤洶湧的海面上存活下來。

一家公司銷售部新來了一名業務員魏瑩，她活潑熱情，能說會道，沒過多久就為公司談下了幾筆大買賣，再加她性格開朗，人又大方，公司上上下下都很喜歡她，開玩笑地叫她「小財神」，可這引起了一個人的不滿——銷售主管孫小平。

孫小平是公司老總的遠親，平時不苟言笑，沒有什麼業績卻喜歡教訓人，他常常訓斥魏瑩做人太高調，不懂謙虛。銷售部的人都不喜歡他，魏瑩每次被訓斥都只是輕鬆地笑一笑，跟沒事人似的。

自從魏瑩來了後，公司的銷售業績從平平無奇一下子節節攀升，一年後，公司評選年度先進人物時，大家都認為是魏瑩當選無疑，沒想到上台領獎的卻是主管孫小平。看著孫小平在台上虛偽做作地說著致謝詞，大家都為魏瑩抱不平，他孫小平憑什麼呀，搶了人家的功勞沾沾自喜，一點也不知道害臊。魏瑩看著台上的孫小平，仍然只是輕鬆地笑了笑，什麼話也沒說。

這以後，孫小平在銷售部就更加放肆了，經常搶業務員的功勞不說，對魏瑩的態度更是一日不如一日。大家都勸魏瑩直接去跟老總反映，雖說不一定能壓制住孫小平，但至少可以打擊打擊他的囂張氣焰。可魏瑩卻什麼也沒說，反而工作得比以前更賣力了。大家都為魏瑩可惜，說她是一個老好人。

沒想到，幾年後，魏瑩突然高薪跳槽到大成公司的死對頭集安公司做了銷售主管，還帶走了大成公司絕大部分的客戶，大成公司一下子突遭重創，陷入了危機之中。以前的同事們都百思不得其解，憑魏瑩的業績和能力，只要她向老總申請，在大成公司得到一個主管職位是輕而易舉的，為什麼她幾年來都沒有爭取，卻突然跳槽到別的公司呢？有些同事去問魏瑩，魏瑩笑了笑回答說：「以我這幾年的成績，向大成公司要一個主管職位確實很容易，但是這幾年來，孫小平頻繁搶奪我們的功勞，公司老總都沒有說話，不管他知道還是不知道，這麼不公平的事情存在了這麼久，說明這家公司的用人制度是不完善的，或者說是不公平的，在這樣一家公司繼續做下去，誰能保證我做了主管以後就能受到公正的待遇呢？還不如暫時忍下來，鍛煉好自己的本事，等到時機成熟，再爭取我相應的待遇。再說了，有突出的業績和工作能力，我走到哪裡會不受歡迎呢？」同事們聽了，不得不折服魏瑩的遠見。

從這個故事妳可以看到，一個聰明的人必須學會忍耐。一時的容忍並不是對命運的屈服，也不是卑躬屈膝，而是對未來的鋪墊和積累。

一個女孩剛大學畢業就進入某一產品的銷售部，負責產品推廣。她擁有一流的口才，但更可貴的是她的工作態度和吃苦精神。那時公司正在著手新產品的銷售渠道，新老產品都同時趕著銷售，每一位員工都很忙，但領導並沒有增加人手的打算，於是負責舊產品銷售的人員總是被指揮去新產品銷售團隊去幫忙。不過整個銷售部只有那個女孩欣然接受老闆的指派，其他的都是去一兩次就抗議了，覺得超出了自己負責的範圍。那些覺得有社會經驗的老將們有意無意地嘲笑她傻，她聽了以後則不以為然：「吃虧就是佔便宜嘛！」

老員工們很奇怪，她有什麼便宜可佔呢。總是看到她跟個苦力一樣四處奔波，為新產品貼廣告，發傳單，心想這真是一個傻妞。後來她又經常去下層生產部，參與現場的生產，只要哪兒缺人手，她都樂意去幫忙。

兩年過後，正是這位被嘲笑的傻妞，積累了很多經驗以後，自己成立了一家設備銷售公司，雖然規模不大，但是前景很樂觀。原來她是在以前公司任勞任怨的時候，把銷售公司的基本流程都看透了，這樣說來，她真的是佔了大便宜啊！現在，她仍然抱著這樣的態度做事，對下屬、對客戶、對合作方，她都以吃虧來換取合作者和客戶的信任，換來下屬員工的一致擁護。

這樣的高尚的修養使她在小小年紀，就擁有了屬於自己的事業。很多時候，吃虧可以見人品。如果一事不讓，處處逞強，那誰還願意與之爲伍？看似爭利，其實是撿了芝麻丟了西瓜。另有人不計較吃虧，小利樂於相讓，大利也不獨吞，最終的成功，往往屬於他們。在人來人往的生命旅程中，與人擠，與事爭，往往難有好下場；唯有懂得適度地退讓與吃虧，才能在那份海闊天空的淡然中順利駛向遠方。

一個人的幸福與否，往往取決於他的心境如何。如果我們用外在的東西，換來了心靈上的平和，那無疑是獲得了人生的幸福，這便是値得的。

不少好朋友，或者事業上的合作夥伴，由於種種原因，後來反目成仇了，雙方都搞得很不開心，結果是大打出手。

有個女人卻不一樣，她與朋友合夥做生意，幾年後一筆生意讓他們所賺的錢又賠了進去，剩下的是一些値不了多少錢的設備，她對朋友說，全歸妳吧，妳想怎麼處理就怎麼處理。留下這句話後，她就與朋友分手了。沒有相互埋怨，給人的感覺是這人真糊塗，自己的一分也不要了。其實，這叫「好合好散」。生意沒了，人情還在。

吃虧是福，乃智者的智慧。不管妳是做老闆也好，還是做生意場上的夥伴也罷，手下的人跟著妳有好日子過、有奔頭，他才會一心一意與妳合作，給妳幹。因爲他知道老闆生意好了他才會好，生意場的夥伴同妳做生意不能賺錢，才會朝三暮四。

做人要有智慧，今天吃點虧，或許就能在明天換來一些擁護和幫助。人生在世，要把眼光放長遠。如果總是計較眼前的利益得失，恐怕好運也不會來光顧妳。

虛心向人學習

對於剛剛進入職場的年輕人，前輩往往會這樣善意地提醒：工作中遇到不懂的問題，不要隨便問同事，而是應該先問私交好的朋友，沒有朋友就回家暗暗研究，研究不出所以然的話哪怕不懂裝懂也不能向同事暴露自己不懂。一句話，不能被別人當成傻子。

但現實往往很有戲劇性，很多時候，最有殺傷力的就是這樣的「傻子」。

比如，公司別的部門新招了幾位同事，其中一位女孩子跑來對妳說：「不好意思，我對這個行業不太熟，以後希望能向妳多請教。」如果「向妳請教」這樣的說辭能夠滿足妳的部分虛榮心的話，那麼「我對這個行業不熟」之類的話按道理則是犯了職場大忌——把自己的弱點暴露給別人看！

事實上，正是這種傻瓜行爲可以贏得妳的好感。在人人都把自己包裝成專業得不能再專業的精英的時候，一個公然聲稱對所就職的行業「不熟」的傻子，就變得異常可愛起來。

換一個角度看，其實這個人一點也不傻。想想就該知道，敢於對初次見面的同事承認對本行業不熟，卻又對自己勝任工作的能力毫無怯意，需要多麼大的勇氣和自信。相信更多業務「不熟」的人會選擇回到自己的座位上用Google、Baidu狂搜。

敢於承認自己技不如人是一種胸懷，一種氣度。有的人對此存在誤解，認爲一旦承認了自己技不如人就會遭到別人蔑視和朝笑，這種擔憂是多餘而且沒有必要的。敢於承認技不如人就意味著下定了決心要進步。只有承認了技不如人，才能給自己留足改進和追趕的勇氣和力量，若是不承認，迎接自己的就只有失敗和懊惱。

人不是萬能的，在某些方面可能有所成就，但這並不代表在任何方面都出類拔萃。須知術業有專攻，各擅其長，不能認爲自己就是天下第一，舉世無雙。話說：「山外有山，一山更比一山高，人外有人，強中自有強中手」。若目空一切，眼裡容不下別人，自取其辱不說，也很然不會有好的歸宿和下場。

春秋時，衛國賢士寧戚不受重用。有一次，他隨商隊到齊國做生意，晚上，他一面擊牛角，一面唱歌。歌聲憂鬱悲傷。齊桓公正巧晚上出城迎接賓客，聽見寧戚的歌聲，覺得此人氣質不凡，就讓管仲去打聽。管仲走過去，跟寧戚攀談。寧戚卻不肯表明心志，只說了一句「浩浩乎白水」的古詩。就不再多說了。管仲聽了，莫名其妙。百思不得其解。為此，他一連幾天沒有上朝，悶悶不樂！

這一天，他的小妾婧就問他：「您幾天不上朝，而且面帶憂色，是因為國家的事，還是為君主的事？」

管仲心想，妳一個小小女子知道什麼啊？跟妳說了也是白說。他就說：「這不是妳能知道的。」

婧不服氣，反駁道：「我聽人說：毋老老，毋賤賤，毋少少，毋弱弱」。

管仲見她這麼認真，笑了笑，問她：「這話是什麼意思？」

婧回答說：「從前，姜太公七十歲還能殺牛，八十歲成為天子的老師，九十歲受封於齊，由此看來，妳能輕視老人嗎？伊尹原是陪嫁奴僕，商湯王重用他，因而天下被治理得太平無事。由此看來，您能輕視卑賤的人嗎？皋的兒子五歲就做大禹的助手，由此看來，您能輕視少年嗎？驢駒生下七日，奔跑的速度就能超過它的母親，由此看來，您能輕視弱者嗎？」

管仲對她的話深感佩服，就從坐席上走了下來，向她道歉，並把寧戚擊牛角而歌，念「浩浩乎白水」的事告訴了她。

婧聽後，笑著說：「寧戚已經把來意告訴您了啊。您還不知道嗎？古有《白水》之詩，詩中說：『浩浩白水，鯈之魚，君來如我，我將安君；國家未定，從我焉知。』這是寧戚向您表達從政的願望。」

經婧這麼一解釋，管仲恍然大悟，立即向齊桓公推薦寧戚。後來，寧戚果真不負重望，成了齊桓公開創和鞏固霸業的得力助手。管仲是一代名相，他想了幾天都想不通的事，被婧這個弱女子輕輕一點，就豁然開朗了。

由此可見，地位不如自己的人，並不是什麼都不如自己。

做人要有自知之明，有了自知之明才能知道自己的不足和欠缺，進而爲人謙虛。謙虛是一種美德，越是德操高尚的人越懂得虛懷若谷的道理。山高不言，是因爲它以謙虛作爲根基；海深不言，是因爲它以謙虛作爲容量。人的胸懷如能做到如山如海一樣，便是人間的聖人了。

勇於承認「技不如人」，只有這樣，才能「百尺竿頭，更進一步」。自滿的人以爲別人不會比自己強，故步自封，被別人甩到後面，還渾然不知。謙虛的人懂得向別人學習，而自滿的人卻認爲別人都應向自己學習，兩種不同的太度決定了不同的人生方向。

孔子告訴我們：「三人行，必有我師焉；擇其善者而從之，其不善者而改之。」其實何止是三人行必有我師，每一個人都有自己的長處。一個人要想成功，實現自己的美好理想，就得善於向所有的人學習。正像孔子說的，學習別人的優點，對於別人的缺點和不足要注意防止在自己身上發生。

學習別人的優點，既要不恥下問，更要「不恥上問」。對於不恥下問與「不恥上問」來說，有的人更喜歡不恥下問，更容易做到不恥下問。因爲與自己地位低的人溝通沒有心理上的障礙，顯得自己平易近人，沒有架子，還很少遇見愛搭不理的情況。

而「不恥上問」做起來就有點難了。難在兩個方面，一方面向地位高的人請教，覺得自己把自己地位降低了，「我比他也差不了多少，憑什麼我要向他請教？」有一種不服氣的心理障礙；另一種情況是，怕比自己地位高的人不配合，不願意回答自己的問題，受到尷尬。確實有的地位較高的人脾氣比較怪癖，再加上這些人事業上比較忙，不願意浪費自己的時間，因此，有的人不願意配合，還盡說些諷刺挖苦的話，讓人接受不了。

其實，請教還是應該多向有知識的人請教，多向成功者請教，因爲他們是成功之路走過來的人，他們的經驗和教訓更有價值，更有指導性，更有利於我們去成就自己的事業。

推功攬過的傻子

功勞和成績不會因推而無功，過錯或失誤更不會因推卸而無責任。推功攬過是一種態度，更是一種境界。推功是指在榮譽面前，把功勞和成績讓給其他人。事實上，一個團隊取得的成績與每位成員都有關，團隊不會因妳謙虛而抹殺妳的功績，但這樣做卻可以凝聚人心，爲自己樹立良好的形象和威信。

推過攬功只會削弱團隊的積極性和鬥志，必將走向失敗，而推功攬過則能有效得激勵隊員，取得成功。

徐麗是一家工廠的生產科科長，她個性溫和，工作勤奮，與同事相處十分融洽，有一次，因為貨源來不及補足，造成當月產量未達標。對此，廠長非常生氣，在開會時宣佈要扣生產科員工的獎金。

散會後，徐麗並沒有解釋生產為什麼延誤，只是誠懇地對廠長說：「這一切都與生產科其他員工沒關係，是我自己指揮不當造成的，應該由我一個人承擔，請扣除我個人當月的工資和半年獎金作為處罰。」廠長同意了徐麗的請求。

生產科的員工知道此事後，非常感動，於是他們主動加班，決心在下月超額完成上產目標。在他們同心協力下，第二個月的產量果然超出了預期目標。廠長非常高興，當即宣佈加發給生產部獎金。

然而，徐麗將獎金都分給了員工，自己卻分文未收，她對員工說：「這些獎金是大家的辛勞所得，理應屬於大家。」徐麗推功攬過，不但贏得生產科同事的擁護和讚賞，同時也為公司創造了佳績。

推功攬過，揚人之長、責已之咎，是一種凝聚人心的有效工作方法。由於推功攬過，企業各層人士的心胸將能逐漸開闊，見識將能逐漸豐富深刻，相互間的善意能夠增強，信任能夠逐漸加深。這樣的企業，困境是暫時的，長久的成功是注定的。

所以，女人也要有敢於擔當的勇氣，甘於推功的胸懷。尤其是對於功勞，千萬不可獨攬一身，因爲妳的所作所爲在別人眼中瞧得清清楚楚，如果妳不懂得謙虛與分享，會讓人覺得十分無趣。而適當地轉讓功勞，對自己的發展利大於弊。即使妳憑一己之力得來的成果，也不要獨享，讓給那些「重要」的人，讓於那些屬於同一部門，曾經協助過妳的同事，或者一直在背後支持妳、鼓勵妳的老闆，妳必將青雲直上。

菁菁在一家廣告公司工作，由於她工作表現出色，頂頭上司總是隔三差五地找她聊天，親切地詢問她的工作情況。看到經理這麼善意而真誠地對待自己，菁菁對待工作更加認真，設計出來的作品別具風格。經理對菁菁的優秀看在眼裡，覺得她會對公司的發展起到不小的作用，於是對她的工作更為關心，可以說對菁菁關懷備至。

一次，菁菁要參加省裡舉辦的廣告設計大賽，經理得知後表示大力支持，還破例讓她用經理辦公室的設施。半個月之後，菁菁的參賽設計廣告終於完成，並且獲得了二等獎。媒體對菁菁的作品進行了報道，還順便也提及了她所在的公司。

大家在公司裡為菁菁舉杯歡慶。菁菁端起一隻酒杯，然後當著眾人面，說：「這一切都要感謝經理，因為有她的幫助，我才有了今天的成就，這裡最有資格喝第一杯酒的應該是經理。」然後她走到經理面前，誠懇地說：「謝謝您一直以來對我的幫助，這次能取得成功，也是因為有您的幫助，否則的話我可能也不會得獎。」經理雖然連連謙讓，說自己根本沒做什麼，但誰都看得出來她很開心。其實大家誰都清楚，如果沒有經理的幫助菁菁也可以做到，這個紅花也會是她的，可是她記得鋒芒畢露不會有好下場的古訓，因此說這功勞屬於上司，把紅花給了經理，這也是她的高明之處，正是因為如此，她後來還升了職。

「傻」女人就是這樣，很懂得照顧別人的面子，因爲她們知道，所有的上司和領導都是愛面子的人。所以她寧願當個幕後英雄，成全上司的美名。

如果妳承認職場是個戰場，就該知道人人都想獲得榮譽和讚賞。所以，當妳立了大功，別忘了妳的上司功勞永遠比妳大，因此，發表感言的時候，千萬別忘了加上他。把紅花讓給上司戴，其實真正的紅花還是屬於自己的。

從上面故事中妳可以看到，大大方方地和別人分享功勞，一方面可以做個順水人情，另一方面上司和下屬也會認爲妳很懂得搞好人際關係，而給妳更高的評價。

不過，妳必須注意的是：讓功勞的手法必須乾淨利落，切勿矯揉造作，更不可對別人抱著「施恩」的態度，或希望下次有機會討回這份功勞，「放長線，釣大魚」才是上策。

現代社會，很多事情要團隊一起合作才能完成，最後慶功的時候，往往是上司站在最風光的地方。這時候，不要心裡憤憤不平。有些人的建議和想法一旦被上司採納，並作爲上司的決定以上司的名義發出後，就四處炫耀，生怕別人不知道這是他們的主意，更有甚者，還爲此憤憤不平。這些人的心態是不明智的，因爲把上司決策中的某些思想歸功於自己，有可能激怒上司，自己也不會有什麼好結果。

真正的功勞，是推不走的。而且，一個聰明的「傻」女人，不僅要善於推功，還要善於攬過，兩者是缺一不可的。一個聰明的下屬要有替領導承擔錯誤的勇氣，在眾人面前會將錯誤攬給自己，而救老闆於火坑之外。大多數領導願在大事上下功夫，而不想糾纏於一些小事情，他們想在眾人面前豎立自己事事英明的「好人」形象，而不願充當得罪別人的「壞人」；在評功論賞時，領導總是喜歡衝在前面，而犯了錯誤或有了過失後，卻極力想推脫殆盡，這時後，就需要有聰明的下屬站出來爲領導受過，替領導分憂解難，妳這樣做了，領導自然會對妳心存感激，必能贏得領導的信任和賞識，以後，妳的職業生涯也就會融通許多。

凡事永遠衝第一

職場中的女人，比男人更精於算計。工作的同時，她們還往往不忘盯著別人，在心裡打著小算盤：這個任務分給小李做的是否比自己的簡單？小張是否盡心了？誰拿的錢會多一些呢？老闆更看重誰呢？送來的活是否是自己分內的呢？這些人往往顯得很精明，生怕自己吃一點虧。

其實，精明與傻，往往不是表面看到的那樣。那些公認的精明人，在職場中的命運往往不會很好，凡事都斤斤計較，遇事不吃虧，到頭來卻處處受人壓制，成為人們打擊嫉妒的中心。反倒是一些看起來笨笨的人，平時經常被人指使來指使去，可到了關鍵時候，這些人卻永遠是屹立不倒的，甚至於佔盡優勢。人人都覺得精明的往往是傻子，而人人覺得傻到極點的，恰可能是聰明人。

張佳麗剛參加工作時，在行政部做人力專員。勞資處的人有文件需要整理，經常去找祕書科的人做。久而久之，祕書科的人便拒之不理了，還貶損他們勞資處的人都是飯桶，除了喝酒，什麼都不會。勞資處的頭兒就會經常找張佳麗幫他做這件事情。這樣的活大家能躲就躲，佳麗通常是忙完了自己的工作，又去做他們的義工，差不多做了一年。大家七嘴八舌，說她傻。

「又不是他們部門的人，不吃他們的飯，憑什麼這樣白支使妳？連一毛錢的好處也不給？就妳好說話！要是我，才沒那麼傻呢！」

張佳麗不是沒有想過這個問題。每當她想放棄做「義工」的時候，就想起媽媽對她說的話：「妳年輕，沒有家庭拖累，多做點事，對妳來說，也是一種學習，沒什麼壞處。孩子，好運氣和機會，都是妳用雙手做出來的，哪個單位都不可能白養妳，妳沒做出那些有益別人的事，別人怎麼能發現妳的好？如果妳不做義工，時間不也白白浪費掉了嗎？」

聽了媽媽的話，張佳麗就這樣「傻」了下來。

一年後，令她想不到的驚喜接踵而來。在那家幾萬人的大型企業中，她被推舉為十佳青年。單位裡的人一下子全都認識了她，尤其是那些領導，以往走到對面，往往是她「認識」他們，他們不認識她。從這件事情以後，每次遇見，領導們都會笑著說：「張佳麗，以前我怎麼沒注意妳呢？」「張佳麗，工作上有什麼困難和需要幫助儘管說。」

張佳麗因做「業餘祕書」學會了公文寫作，學會了如何做一名合格的好祕書。張佳麗不是漂亮的眼球女孩子，但她會把領導吩咐的每一件事做到最好。

因為公文，她開始對寫作感興趣，偷偷把自己寫在日記上的一篇「東西」寄給了一家仰慕的刊物。想不到，三個月後，她收到了那本雜誌，還有幾百塊錢稿酬。她的「處女作」發表了。更讓她想不到的是，那家雜誌的總編專門不遠長途跋涉，來到她的單位來找她。

他對佳麗，以及佳麗的領導很肯定地說：「她很有潛力，將來會成名的，相信我，不會看錯人。」

張佳麗因此再次成了那家企業裡成了「名人」。

不久，她升職為宣傳部的宣傳科長。第三年，接替退休的老部長工作，這一年，她二十八歲。

「傻」一點不是什麼壞事。如果妳做每一件事，都要考慮到妳的勞動是不是得到了等值的回報，如果妳做每一件事情時，都以回報爲原則，那麼，有可能妳不會有一丁點收穫。

相反，如果妳不問回報，只想把事情做到最好，機會可能會頻頻向妳招手，即使暫時沒有機會，也會爲自己創造潛在的機遇。

妮娜是一家公司的祕書。她的工作就是整理、撰寫、打印一些材料。她的工作單調而乏味，很多人都這麼認為。但她不覺得，她覺得自己的工作很好，妮娜說：「檢驗工作的唯一標準就是妳做得好不好，不是別的。」

整天做著這些工作，做久了，妮娜發現公司的文件中存在著很多問題，甚至公司的一些經營運作方面也存在著問題。

於是，妮娜除了每天必做的工作之外，她還細心地搜集一些資料，甚至是過期的資料，她把這些資料整理分類，然後進行分析，寫出建議。為此，她還查詢了很多有關經營方面的書籍。

最後，她把打印好的分析結果和有關證明資料一併交給了老闆。老闆起初並沒有在意，一次偶然的機會，老闆讀到了妮娜的這份建議。這讓老闆非常吃驚，這個年輕的祕書，居然有這樣縝密的心思，而且她的分析井井有條，細緻入微。後來，妮娜的建議中很多條都被採納了。

老闆很欣慰，他覺得有這樣的員工是他的驕傲。當然，妮娜也被老闆委以重任。妮娜覺得沒必要這樣，因為，她覺得她只比正常的工作多做了一點。但是，老闆卻覺得她為公司做了很多很多。只做本職工作，始終盯著崗位要求的員工只能是一個合格員工。

如果每次妳都能比別人早一步完成工作，比別人作的更好一些，妳就會鋒芒顯露。要做到這些並不難，態度決定一切，把每天的工作都看作是一個挑戰，想方設法要贏得輕鬆，贏得精彩；行動保證成功，比別人早做一步，比別人多做一些，妳就掌握了職場生存之道。

所以，真正精明的女人不要斤斤計較與一時得失，學學傻女人的奉獻精神，學學傻女人的寬大胸懷，不怕苦累，不怕吃虧，才能爲自己贏得機遇。

一顆普通的小沙粒從進入貝體開始，直到蛻變成一顆外形圓潤、色澤飽滿的珍珠，其間要經歷漫長的年月。同樣，一個普通人要想成爲一個人人敬重的成功者，僅僅滿足於完成自己的任務遠遠不夠，必須做得更多更好。對我們女人來說更是如此。

一開始我們也許從事祕書、會計和出納之類的事務性工作，難道我們要在這樣的職位上做一輩子嗎?成功者除了做好本職工作以外，還需要做一些不同尋常的事情來培養自己的能力，引起人們的關注。

親愛的女性朋友，如果妳是一名貨物管理員，應該可以在發貨清單上發現一個超出自己職責範圍的矇混過關的錯誤；如果妳是一個過磅員，應該可以質疑並糾正磅秤的刻度錯誤，以免公司遭受損失；如果妳是一名郵差，除了保證信件能及時準確到達，也許可以做一些超出職責範圍的事……這些工作也許是專業技術人員的職責，但是如果妳做了，就等於播下了成功的種子。

付出多少，得到多少，這是一個眾所周知的因果法則。也許妳的投入無法立刻得到相應的回報，也不要氣餒，應該一如既往地多付出一點。回報可能會在不經意間，以出人意料的方式出現。

和別人拿同樣的工資，卻做比別人多的事情，現在妳還覺得這樣的女人可憐、傻嗎？實際上，她們並不可憐更不傻，她們才是有遠見的聰明人。

既然天上不會掉餡餅，那就好好播種耕種吧。

01 尋找自我

02 成長蛻變

語言是連接人與人之間的紐帶，紐帶質量的好壞，直接決定了人際關係的和諧與否，進而會影響到事業的發展以及人生的幸福。尤其對於女人，卓越的口才、有技巧的說話方式，不僅是家庭幸福的法寶，更是事業披荊斬棘的利劍，還是增加自身魅力的砝碼。

女人的形象固然重要，但是同樣不可忽視的是女人的口才。

身為女人，如果沒有傲人的外貌，也不要為此耿耿於懷，妳可以透過不斷練習，完善自己的口才，來為妳的魅力加分。

幸福第四站

處世指南

03

裝傻哲學

適度糊塗

女人活得太精明了，不僅惹人討厭，自己也累。人人都會做錯事，甚至好人也會辦壞事，誰能確保自己永遠都正確呢？所以爲人處世，待人處世，在很多時候不要太較真，不妨裝糊塗，不予計較反而更好。

我們的祖先在幾千年前就說出這一人生哲理了。鄭板橋在飽經世事滄桑之後，曾自書一幅「難得糊塗」用來自警，並寫到「聰明難，糊塗難，由聰明轉糊塗更難。」如果沒有對人情世事的深刻感悟，體察豐富的人生閱歷，鄭板橋恐怕說不出這樣智慧的哲言。

糊塗人生糊塗過，聰明人生糊塗過，人生難得糊塗。有時候話說得過於明白真實，反而不會達到好的效果。如果能夠說得含糊一點，反而會起到更好的效果。

在現實生活中，糊塗語言有著廣泛的應用。經常碰到一些很尷尬的情景，這時候糊塗語言就派上了大用場。

有一家旅館招聘侍者，前來應聘的人很多。老闆想考考他們：「有一天當妳走進客人的房間，發現一女子正在裸浴。妳應該怎麼辦？」

眾人都搶著回答，有的說：「對不起小姐，我不是故意的。」

有的說：「小姐，我什麼都沒有看見。」老闆聽後不停地搖頭，這時一個小伙子走上前說：「對不起，對不起先生。」結果他被錄用了。這個小伙子就是巧妙地使用了糊塗語言，使客人得到了心理上的安慰，同時也得到了老闆的信任。

在生活中，經常可能碰到一些不能回答但又不能不回答的事情，這時候可以巧妙地使用糊塗語言進行對答。

阿根廷著名的足球運動員迪戈・馬拉多納在一九八六年的世界盃上和英格蘭球隊相遇時打入的第一球是「頗有爭議的手球」。據說墨西哥一位記者曾拍下了「用手拍球」的鏡頭。

後來，有一位記者問他，那個球是手球還是頭球時，他機敏地回答：「手球一半是迪戈的，頭球一半是馬拉多納的。」馬拉多納的回答故意裝糊塗，但是卻頗具心計，倘若他直言不諱地承認「確實如此」，那麼無疑承認了這場比賽的不公正性。但如果不承認又有失足球明星的風度。

這妙不可言的「一半」與「一半」，等於即承認了球是手臂撞入的，頗有明人不做暗事的大將氣概，又在規則上肯定了裁判的權威，具有君子之風。由此可見，在與人交流時使用糊塗語言的重要性，另外，還有一個重要的用處，就是使用糊塗語言能夠給人台階下，使雙方皆大喜歡。

由此可見，有時候裝裝糊塗還是很有好處的。但是這裡面還是大有學問的。

首先，說糊塗話要講究場合。該講真話的時候就不能夠裝糊塗，如果到了該講真話的時候還裝糊塗，那就會犯原則性錯誤。

其次，說糊塗話要看人。有些人可以對他們說糊塗話，而對有些人則不能夠用糊塗語言。例如，娟是一個工作認真的好護士，但是這天她上班卻遲到了，按科室管理制度，護士長是要批評她的，並且要扣除獎金，但是護士長卻沒有這樣做，晚上，娟主動找到護士長檢討，護士長卻說：「哦，我的印象中妳是一個認真細緻的人，總是提前接班。」而有些護士平時就不求上進，護士長就會嚴厲地批評她們。所以說，說糊塗話也是大有學問的。

生活中，揣著明白裝糊塗是一種達觀，一種灑脫，一份人生的成熟，一份人情的練達。懂得了這一點，我們才能挺起剛勁的脊樑，披著溫柔的陽光，到達希望的彼岸。

李白有一句耐人尋味的詩，叫「大賢虎變愚不測，當年頗似尋常人」，揭示了糊塗學意義上的處世法，這是指在一些特殊的場合中，人要有猛虎伏林、蛟龍沉潭那樣的伸屈變化之胸懷，讓人難以預測，而自己則可在其間從容行事，當然做到「明知故昧」，絕非易事，如果沒有高度涵養，斤斤計較，是斷然不行的。

在人生中，人們定會遇到許許多多令自己「難堪」的情境，對此，人們可以借助於「糊塗」，「忍讓」一下，不過於斤斤計較，暫時「吃點小虧」，做出「退卻姿態」。這種「糊塗」，可以讓妳有更多的時間去享受人生，具有「保護自己」的功能。

裝糊塗在人際相處上很重要。心胸開闊些，寬容大度些，也就大事化小，小事化了了。如果發生意見不一致，爭論一陣，見不出高低，便不必再爭論了。

沒有多少原則性的大是大非，何必非爭個清楚明白呢？妳知道自己的意見正確，對方同樣認爲自己正確，這樣，就應當裝糊塗，讓爭論在和平的氣氛中結束。

有時候聰明，大多數時候糊塗，偶爾也會揣著聰明裝糊塗。很多事情都有一個平衡點，糊塗一些，火候不到，過於聰明，就破壞了和諧，微妙之事必有微妙之法。大家都糊塗，世界就亂了，大家都聰明，世界就更亂了。所以，掌握糊塗和聰明的平衡才是關鍵。

懂得自嘲

誰都不願意被別人嘲諷，但是，有一種嘲諷，是很好的社交技巧，能夠讓妳在尷尬的場合成為別人的焦點，成為眾人的寵兒。

這種嘲諷，就叫做自嘲。自嘲可以讓妳在眾人面前出醜時，完全轉變妳在眾人面前的尷尬形象，讓妳瞬間成為眾人心中的笑星。

希臘哲學家蘇格拉底的妻子是個潑婦，常對他發脾氣，而蘇格拉底總是對旁人自嘲道：「討到這樣的老婆好處很多，可以鍛煉我的忍耐力，加深我的人格修養。」有一次，他的老婆又發起脾氣來，大吵大鬧，很長時間還不肯罷休，蘇格拉底只好退避三舍。他剛走出家門，那位怒氣未消的夫人就突然從樓上倒下一大盆冷水，把他澆得像只落湯雞。這時，只見蘇格拉底打了個寒戰，不慌不忙地說：「我早就知道，響雷過後必有大雨，果然不出我所料。」

顯然，蘇格拉底有些無可奈何，但他帶有自嘲意味的譏諷，使他從這一窘境中擺脫出來，充分顯示了蘇格拉底深厚的修養。由此可見，能自嘲的必須是智者中的智者，高手中的高手。自嘲是缺乏自信者不敢使用的技術，因爲它要妳自己罵自己。也就是要拿自身的失誤、不足甚至生理缺陷來「開涮」，對丑處、羞處不予遮掩、躲避，反而把它放大、誇張、剖析，然後巧妙地引申發揮、自圓其說，取得一笑。沒有豁達、樂觀、超脫、調侃的心態和胸懷，是無法做到的。可想而知，自以爲是、斤斤計較、尖酸刻薄的人難以望其項背。自嘲誰也不傷害，最爲安全。妳可用它來活躍談話氣氛，消除緊張；在尷尬中自找台階，保住面子；在公共場合獲得人情味；在特別情形下含沙射影，刺一刺無理取鬧的小人。

那麼，自嘲到底怎樣在人際交往中起作用的呢？讓我們看一些自嘲的例子，也從中體會一下巧妙運用自嘲來幫助自己化解尷尬的智慧吧。

傳說，古代有個石學士，算是名甲一方吧，因此，也總有人嫉妒他，希望看他出洋相，於是，一天，在石學士騎驢上街時，有人故意把他的驢絆倒了，石學士就十分狼狽地摔倒在地上。一般人一定會不知所措，可這位石學士不慌不忙地站起來說：「虧我是石學士，要是瓦的，還不摔成碎片？」一句妙語，用自己的姓氏來幫助自己，將摔倒的尷尬就化解了。在場的人都哈哈大笑。同樣的，還有一些人善於運用自己的身體特徵來自嘲，幫助自己消解尷尬。比如說，如果是一位胖子摔倒了，可說：「如果不是這一身肉托著，還不把骨頭摔折了？」而若換成瘦子，則又可說：「要不是重量輕，這一摔就成了肉餅了！」

一位矮個子學者的妻子當眾嘲笑丈夫身材太短，這位學者笑瞇瞇地說：「我看還是矮點好，我如果不是一米五七，現在能夠著作等身麼？如果不是我身短力小，我們的戰鬥妳能場場取得勝利麼？如果不是我矮，妳能很優越地說我太短麼？」一語既出，全場叫絕，掌聲不斷。這就是自嘲的力量，它可以讓妳瞬間從尷尬的被嘲笑的對象，變成眾人心中的明星。

從上面的這些例子中可以看出，適時適度地自嘲，不失爲一種良好修養，一種充滿智慧的交際技巧。自嘲，能製造寬鬆和諧的交談氣氛，能使自己活得輕鬆灑脫，使人感到妳的可愛和人情味，有時還能更有效地維護面子，建立起新的心理平衡。

尤其是女人，如果在眾人面前遭遇尷尬，對自己的形象是有很大的損害的，如果能夠適當地利用自嘲，就可以挽回自己的形象。女人善用自嘲，就能化尷尬爲融洽。在社交中，難免出現妳掌握的信息與對方有出入的情況。

有時候，當妳想說笑話，講小故事，或者轉述一句妙語、一則趣談時，最安全的往往就是妳自己。如果妳笑的是自己，誰會不高興？凡是能操縱最高級的語言藝術——幽默的人已經是「智力過剩者」，能使用最高境界的幽默——自嘲作爲武器者，便堪稱人情操縱場上的「無冕之王」，怎能不令人肅然起敬？

有時妳陷入難堪是由於自身的原因造成的，如外貌的缺陷、自身的缺點、言行的失誤等等，自信的人能較好地維護自尊，自卑的人則往往陷入難堪。對影響自身形象的種種不足之處大膽而巧妙地加以自嘲，能出人意料地展示妳的自信，在迅速擺脫窘境的同時展示妳瀟灑不羈的交際魅力。

比如說，妳可能身材不夠高挑，不妨說自己雖然體積小，但是濃縮的都是精華；妳可能長得不是特別漂亮，但不妨說『我很醜但我很溫柔』；即便妳如劉墉一樣背上扣個小羅鍋，也不妨說妳是背彎人不弓。

當我們遭遇尷尬時，如果沒有自嘲的定力，會讓自己難得下台，壞事傳千里，讓自己的形象馬上毀於一旦。喜劇女演員卡洛·柏妮就曾經很好地利用自嘲給自己化解了一次危機。

有一次她坐在餐廳裡用午餐。這時，有一位老婦人走向她的餐桌，舉起手來摸摸卡洛的臉龐。當她的手指滑過卡洛的五官時，還帶著歉意說：「我看不出有多好看。」其實，這是老人對年輕漂亮的女人心生妒意後故意過來挑釁的，她的尖刻估計讓其他的人都會受不了。但是——「妳不用繼續祝福了，」卡洛微笑著說，「我看起來確實沒多好看。」可以設想一下，如果老婦人面對的是一個與她一樣放肆無禮而又心胸狹窄的人，人們也許將會目擊一場爭鬥。可是，卡洛．柏妮表演喜劇，她深深理解喜劇與鬧劇的差異。所以，她神情自若，先把老婦人帶有攻擊意味的貶低說成是「祝福」，並請她停止「祝福」。然後，坦然地承認自己沒多好看，諷刺對方，而又嘲笑自己。在粗魯和蠻橫的侵犯面前，保住了自己的尊嚴，同時又表現出一種豁然大度的寬容厚道之氣魄，從而在精神上戰勝了對方，讓周圍的人都會心地笑了起來，對卡洛臨時的機敏反應給出了好評。還有一個女人，在一次大型宴會上，遭遇了一場尷尬，但是，聰明的女人很快就利用自嘲，使自己成為了全場的焦點人物，讓人們見識了她的聰明和機智。當時，服務員不小心將一杯酒水灑在了她有傷疤的腿上，服務員嚇得手足無措，全場人目瞪口呆。這位女士卻微笑著說：「妳覺得這種酒能消去疤痕嗎？我正想試試呢！」在場的人聞聲大笑，尷尬局面即刻被打破了。這個女士借助自嘲的力量，瞬間展示出了自己的寬容大度和機智幽默，既讓自己避免了尷尬，也讓別人都對她刮目相看。無論怎樣，嘲笑自己的長相，或嘲笑自己做得不是很漂亮的事情，會使我們變得更為豁達，並給人一種和藹可親的感覺，增加人情味。美國著名影星洛伊上世紀二十年代到八十年代一直活躍在銀幕上，但她在晚年的時候卻日漸發胖。正因自己身體太胖，朋友多次邀請她一起去海濱浴場游泳，她都不好意思去，盡量找各種理由推辭。

在一次記者招待會上，一位娛樂記者偏偏就針對這個問題向洛伊提問：「洛伊女士，您是不是因為自己太胖，怕丟醜才不去海濱游泳的？」

洛伊想了一下，爽快地回答：「我是因為自己胖才不去游泳的，我怕我們的空軍駕駛員在天上看見我，以為他們又發現了一個新古巴。」

在場的人聽後，發出陣陣歡呼聲和笑聲，不由得鼓起掌來。洛伊出語不凡，用自嘲的口吻、誇張的手法化解了尷尬，既沒有被記者牽著鼻子走，又很好地活躍了招待會的氣氛，同時還給大家留下了一個良好的印象，顯示出自己豁達的心胸和詼諧的人格魅力。

拒絕嘮叨

聰明女人不會整天嘮嘮叨叨，她們不會讓周圍人對自己感到厭煩，聰明女人知道該怎麼說話、該說什麼話，知道什麼時候應該適可而止，停止對方不喜歡的話題，轉向令氣氛愉快的談話。女人們，妳還在嘮叨個不停嗎？做個惜話如金的女人吧。

卡耐基在他的《人性的弱點》中說過：嘮叨是愛情的墳墓。但是，很多女人並沒有意識到這一點，甚至認爲自己的嘮叨是對他的愛，以爲嘮叨可以改變丈夫的缺點。陶樂絲．狄克斯認爲：「一個男性的婚姻生活是否幸福和他太太的脾氣性格息息相關。如果她脾氣急躁又嘮叨，還沒完沒了地挑剔，那麼即便她擁有普天下的其他美德也都等於零。」

蘇格拉底的妻子蘭西波出了名的嘮叨，爲了躲避她，蘇格拉底大部分的時間都躲在雅典的樹下沉思哲理；法國皇帝拿破侖三世、美國前總統亞伯拉罕·林肯都受盡了妻子的嘮叨之苦。而愷撒之所以和他的第二任妻子離婚，是因爲他實在不能忍受她終日喋喋不休的嘮叨。

許多男性生活中垂頭喪氣，沒有鬥志，就是因爲他的妻子打擊他的每一個想法和希望。她無休止地長吁短歎，爲什麼自己的丈夫不像別的男人會賺錢？爲什麼自己的丈夫寫不出一本暢銷書？爲什麼自己的丈夫得不到一個好職位？擁有一位這樣的妻子，做丈夫的實在洩氣。確實，奢侈浪費給家庭帶來的不幸遠遠比不上嘮叨和挑剔。

著名的心理學家特曼博士對一千五百對夫婦做過詳細調查。研究表明，在丈夫眼中，嘮叨、挑剔是妻子最大的缺點。另外，蓋洛普民意測驗和詹森性情分析——兩個著名的研究機構，它們的研究結果都是相同的，它們發現，任何一種個性都不會像嘮叨、挑剔給家庭生活帶來的傷害更大。

再沒有比一個嘮嘮叨叨、成天抱怨的女人更讓人退避三舍的了。下一次，當妳想嘮叨的時候，要先想一想：

值不值得嘮叨？男人冥頑不化，很可能是他做事極有恆心和毅力；男人粗心大意，不拘小節，他很可能天真率直，隨和易處；男人自以爲是，他很可能真的聰明能幹。上帝待人很公平，他給了妳優點同時也給了妳缺點。妳要得到他的好，就得容忍他的壞。我們左右不了他們的性格行爲，只能左右自己對他們的看法。想嘮叨的時候，轉念想想便會釋然。

然後想想：他聽了我的嘮叨，能改多少？人的性格與生俱來，很難爲自己左右，讓我們盡力改造能改造的，平靜地接受不能改造的，並且多從生活中學習經驗和總結教訓。

如果妳的抱怨要非說不可，那就要想想在何時何地抱怨。天天抱怨，男人很容易把妳的話當做耳邊風。在別人或孩子面前嘮叨丈夫，絕對是大大的失算。中國人的面子總是比什麼都重要的。他非但不改，很可能還懷恨在心，沒有多少自信心的男人尤其如此。

當他因爲別的事心情不好，或者工作很忙的時候也不要嘮叨，他聽不進去的。這個時候嘮叨只能是火上澆油，於事無補。妳也許會說：不當場指出來，過一會兒就忘了。能讓妳很快就忘的，那一定不值得小題大作。要抱怨，挑有空又安靜的時候，逐條將妳的不滿說出來，希望他能改，不改的話，後果會怎樣，並且告訴他妳會說到做到的。

女人千萬要記得，絕不嘮叨傷感情的話，諸如「早知妳有這麼多缺點，當初不該嫁妳」。反過來說，妳是善解人意的，溫言軟語地面對他，只能讓妳們之間的感情指數大增。沒完沒了的嘮叨是最讓男人忌諱的。如果妳不想盡早結束妳們的婚姻，請千萬保持清醒的頭腦。還有一條大概是天下男人最不能容忍的：比如妳的丈夫很久前犯了一個小錯誤，妳有事沒事就拿出來嘮叨，這樣就會大大地激怒他，從而導致夫妻不和。

妳是不是一個愛嘮叨的女人呢？問問妳的丈夫吧。如果他的答案是肯定的，那麼請妳理智地對待，爲了妳們的愛情和婚姻，想辦法讓自己遠離嘮叨，以下幾點是給妳的建議。

不要重複講話：如果妳提醒丈夫三次以上說他曾經答應過要陪妳去散步，而他紋絲不動，說明他根本不想去。那麼，妳就住嘴吧，別再重複，嘮叨只會使他下定決心絕不屈服。

不要情緒煩躁：不愉快的事情是最容易讓女人嘮叨的，她們總是不厭其煩地訴說著自己的不快和鬱悶。當妳的丈夫心情也不好的時候，就不要在他面前嘮叨個沒完，那樣只會引來爭吵。想辦法控制自己的情緒，或者把壞情緒透過另外的途徑排解出去，等到雙方都冷靜下來時，再把事情拿出來仔細討論，討論的時候應該心平氣和，保持理智，不能使用過激的語言。

學會溫和懷柔：「用甜的東西抓蒼蠅，要比用酸的東西有效多了。」當妳嘮叨丈夫不給妳買生日禮物的時候，不如向他撒個嬌，嬌嗔地說：「老公，我知道妳希望我越來越漂亮，所以，我準備用妳錢包裡的錢去買一套化妝品作爲妳送我的生日禮物，妳說好不好？」聽了這樣的話，哪個老公會拒絕呢？

所以，除了嘮叨，妳完全可以使用一些溫和的方法去實現妳的目的。

學會輕鬆幽默：以幽默的方式對待發生的事情，會讓妳的心情舒暢。有的妻子催促丈夫到浴室給自己送浴巾，丈夫的動作慢了點或沒理睬，她們竟會大動肝火，開始嘮叨丈夫不愛自己，這種情況令人難以忍受。

生活中，很多事情是沒必要生氣的，但是我們常見一些女人爲一些不值一提的小事緊繃著臉，把甜蜜的愛情轉變成相互指責的怨恨。與其如此，不如培養自己的幽默感，讓妳一天都保持心情舒暢。

如果一個女性在二十幾歲剛剛結婚時，就成天嘮叨丈夫，妳什麼時候才能升職加薪，妳什麼時候才能掙到買一套大房子的錢，妳什麼時候才能買一輛私家車……那麼當她四十歲時，一定是一個不可救藥、讓人生厭的埋怨專家，而她的丈夫也多半會成爲一個整天灰頭土臉的平庸男人。

聰明女人會在想嘮叨抱怨的時候「裝傻」，及時調整自己的情緒，忘掉這些令自己和對方不愉快的事情，把嘮叨轉爲讚美，用幽默化解尷尬，永遠不會令對方感到厭煩、不會給對方帶來壓力，相反地，聰明女人會用自己獨有的美好語言給對方以溫暖和快樂，讓對方時時感到，與妳談話是最大的樂事。做聰明的「傻」女人，拒絕喋喋不休！

傻人有傻福

梅梅和男朋友吵架了，心情很不好，在工作中也頻頻出錯。上司把她叫到辦公室，對她說：「我聽說妳因為感情上的事而狀態不佳，但是希望妳公私分明，不要因此影響工作。」這件事梅梅只是前天和一個關係較好的同事講了而已，怎麼現在連上司都知道了……

任何一個群體中都有那麼一些「消息靈通」的人士，他們似乎知道所有人的隱私，尤其以女人爲甚。這些人，最擅長的是東家長、西家短、飛短流長、搬弄是非。

她們猶如害群之馬，一個集體、一個環境只要有她們的存在，友情會被破壞，人際關係會被搞緊張，好好的氣氛會被攪黃等等。或許她們本身並未意識到這種做法的巨大危害，實際上呢，由她們兩片薄唇「拼湊」出來的言語，在她們唾沫橫飛、一搬一弄之間，多少無辜者受著心靈的重創。生活中，美好的一切毀於人言的例子還少嗎？

在我們的生活中，說他人的閒話是隨處可見的，也曾經見過因爲說他人閒話、道人家是非而起的朋友決裂，親戚分裂。閒話無非就是平時沒有事的時候幾個人聚在一起，他說張家長，妳道李家短，來滿足每個人的好奇心。但是，說者無心，聽者有意，閒話所造成的後果是無可估量的，閒話就等於在自己的身上安上了一顆定時炸彈，隨時隨地都有可能被引爆。可以肯定，說別人的閒話是一種討人厭的可恥行爲。

女人在閒的時候總是那麼的愛說閒話，對生活，對事業，對感情。大家總是喜歡和別人在沒有事情的時候，議論一下別人的事或者說一些自己的不滿。她們在說或者聽這些閒話時無非是滿足內心的好奇，調節一下情緒。但是，絕大多數的人不會喜歡愛講閒話、論是非的人，因爲那樣會給別人一種不穩重、不踏實的感覺，人們不會信任她，最後她會慢慢地被人們分離，被社會所淘汰。

那些消息不靈通的「傻」女人，即便聽到了什麼也裝作不知道，更不會在背後說人家的閒話，因爲人家做的事自有人家的道理。人總有自己的煩惱，人總有自己的不滿，人總有自己對別人的意見，但是千萬要注意說話的場合和方式，也要注意傾訴的對象，不然等到吃虧了，還不知道是怎麼一回事。如果妳自己家的窗戶是玻璃的，就不要往人家的窗戶上扔石頭。

妳想做一個潔身自愛的受歡迎的OL（辦公室女士）嗎？那就不要做辦公室裡的BMW(Big Mouth Woman大嘴巴女人)。適時地閉上妳的嘴巴，妳會看起來更加可愛。不要罔顧別人的想法而肆意傾倒妳的垃圾信息，更不要隨便對一個不熟悉的人賣弄妳的小道消息和私人問題。

小心別在辦公室談論自己的私事，或是在同事間散播別人的八卦，這兩種行爲都會不自覺把自己推入危險的境地。但妳絕對應該張大耳朵，封緊嘴巴，「有耳無嘴」不只是大人教訓小孩子的話，也是辦公室叢林的生存法門之一。

八卦一向是同事間聯絡感情最佳的共同話題，尤其在茶水間、洗手間這兩間「談話室」裡，往往是眾家流言的最大集散地，也是大家說老闆壞話的「祕密花園」。然而，就算妳在辦公室受了多大冤屈，苦水滿腹，都不應該向同事訴苦。原因有二，其一，牢騷如同狐臭，人人避之唯恐不及，沒有人有義務當妳的情緒垃圾桶；其二，辦公室不是妳找心理醫師的地方，有些人會以爲互相交換心事是兩人結盟的保證，但如果有一天兩個人不再是朋友，過去的祕密可就成了對方手上的把柄了。

因此，不論妳跟老闆私交多好，或是心結多深，都不要在公司裡張揚。如果妳條件不錯，工作認真，也交出了漂亮成績，一定不希望自己努力的成果被歸因於跟上司的「特殊關係」吧！萬一妳跟上司之間有誤會或摩擦，被有心人知道了，難保不會成爲被利用的話題或炒作的題材，兩者對妳一點好處都沒有。

八卦可以多聽，但不能多講，最好只進不出。所謂「禍從口出」，口水是名符其實的「禍水」，不管是洩露自己的私事，或轉述聽來的是非，都可能讓自己陷入言多必失的危險。更要不得的是以成爲八卦中心爲榮，到處打探小道消息，當心變成被利用的對象還不自知。

辦公室裡總有那麼一些人，喜歡張家長、李家短地傳小道消息，將同事的祕密、隱私當做新聞到處發佈，搞得同事之間不得安寧，整體的工作效率大打折扣。知道同事的隱私，無外乎兩種途徑：聽同事自己說，聽「知道同事隱私」的人說。不論是哪一種情況，都要做到讓這些言論停止在自己這裡。

同事肯把私事告訴妳，妳就要對得起他的信任。將同事的私事大加宣傳，是極不負責任的表現，不僅會對同事的生活造成很不好的影響，還會破壞妳們之間的關係，失去同事對妳的信任。

一個有良好涵養的女人，她定會將時間和精力放在關心自己的學習、工作與生活上，她定能以寬容之心、體諒之心、仁愛之心去對待、看待周圍的人和事，絕不會將他人之隱私添油加醋當成自己茶餘飯後空閒時光的無聊消遣，以滿足自己淺薄、低級趣味的心理需求。

「人格健全的人首先是言行健全的人」。聰明的女人，千萬別做背後言人是非長短的大嘴巴女人，這可是妳樹立自身良好形象，贏得他人尊重的前提。

平庸上上策

在每個人都極力展現自己的好時，一些「傻」女人卻總是說別人「這樣很好」，她們總是在稱讚別人，看起來似乎對表現自己不利，但其實大可不必這樣擔心。

從心理學角度看，讚美是一種很有效的交際技巧，它有效地縮短人與人之間的心理距離。渴望獲得讚美是人類最基本的天性。既然如此渴望獲得讚美，那麼我們在生活中就有必要學習和掌握好這一人生智慧。現實生活中，有許許多多的人不習慣讚美他人，因爲不善於讚美別人或得不到他人的讚美，從而使自己的生活缺乏很多美好愉快的情緒體驗。

沉悶的辦公室，滿是文件和繁雜的公務，不知不覺中就會使人變得喪失熱情；當工作壓力越來越大，人就會變得煩躁焦慮，經常聯想起一些不愉快的事情，對可以做好的簡單工作也會感到複雜和難度大增！這種時候，內心就會湧起一種渴望：渴望得到讚美和關心！

一位相貌平平卻十分受人歡迎的女孩子，和她有過接觸的男士都爲她的風姿所傾倒。據說，她總能看到男孩子的優點，不吝讚賞。而且最讓對方動心的是，每當她讚美一位男士時，她總目光柔柔地看著對方。她的讚美是任何一個男士都無法拒絕的，因而她的請求幫助的要求總是得到滿足，男士們都很喜歡她。

有一位母親在兒子八歲的時候，給他買了一架鋼琴，但是小男孩太頑皮好動，不好好學習彈鋼琴，孩子的爸爸常常爲此訓斥他，然而一點也不起作用。於是，媽媽便開始想辦法如何讓孩子喜歡彈鋼琴。有一天下午，當孩子爲了應付父母，隨便彈一段曲子之後正要溜時，媽媽叫住他說，「兒子呀，妳彈的是什麼曲子，怎麼這樣好聽，媽媽從來沒有聽到過這麼美妙的音樂，妳再給媽媽彈一遍吧。」孩子聽了非常高興，愉快地又彈了一遍。媽媽又鼓勵他彈了一些其他曲子，並告訴兒子自己喜歡聽他彈的曲子，問他可不可以每天都彈一些，兒子很高興地就答應了下來。最後，只用了一個多月，便培養起了孩子彈鋼琴的興趣。而今，每天放學回家，孩子第一件事就是要彈鋼琴，天天如此，雷打不動。妳可以看到，成功的靈丹妙藥就是鼓勵和讚美。尤其是在競爭壓力日漸增大、人際關係日趨複雜的今天，假如妳是一位職業女性，妳一定要學會運用讚美來增添人脈，特別是對於有文化、有知識、有思想的同事。假如妳能發自內心深處地讚美他們，妳會發現，這個方法強過任何複雜的人際關係理論。對他人的欣賞，是回饋給對方的獎勵；讚美是對他人關愛的表達，是人際關係中一種良好互動的過程，是人與人之間相互關愛的顯現，恰當運用好妳的讚美，妳的人際水平必定上升一個台階。

鼓勵、讚賞和肯定，可以使一個人巨大的潛能得到最大程度的發揮。上司對下屬，不必期望太高，看到對方的每一點進步，應及時予以鼓勵和肯定，每次小小的進步都會使他們增添幾分成就感，激勵著他們向前衝刺奮發。

心理學家說，男人在外面世界與工作中尋求肯定，女人走出家庭拋頭露面爲了悅人。身邊太多的事實告訴我們，與人相處過程中，假如我們對別人表示有信心，對方真的也相信自己能做得到，那麼，一定會找到辦法來完成我們指定的目標，這就是讚美的力量。

當男人處於人生的逆境時，他們不願意向同性朋友訴說，求得安慰。相反，女人的讚美和鼓勵卻往往能激發起他的勇氣和信心，開始新的奮鬥。女性的讚美不僅可以使男士愉悅，還能催他上進，幫他進步。只要妳善於發現他身上優秀的一面，那麼，妳的讚美就會像陽光一樣照亮他的心靈。

女性具有與男性截然不同的性格特徵。女性大多天性善良，而且細膩溫柔。女性是天生的感性動物，她的表面看上去很平靜，但內心卻並非沉默，她們渴望著別人的關懷與問候，渴望被聆聽和被讚美，但由於她的情感豐富、細膩，如若對她們讚美不當，則會引起她們的反感。所以在讚美女人時要注意觀察，恰當適宜地加以稱讚。

女人是最瞭解女人的，身爲女人，她們常常是親自經歷、體悟了幾乎是所有女人的喜悅與痛苦、歡樂與憂傷以及種種微妙的心理過程。許多時候，女人們總是縛於自己的角色，不敢、不願或不能表達自己的某種慾望和真正需要，而是把它隱藏起來，僞裝起來，企盼別人的發掘。

來自同性的讚美，往往會使女人聽來十分親切真實，完全是發自內心的欣賞，這使對方產生了一種「知音」的感覺，因而也更能增進彼此的友誼，縮短交際的距離。

作爲一名女性，讚美另外一位女性，除了可以像男人那樣讚美她的容貌、氣質、性格、才藝外，妳還不妨站在女性的角度上，以服裝、縫紉、烹調、家居等方面爲話題去讚美。這樣妳的讚美一定會引起對方的興趣，她會因遇見了妳這樣一位欣賞者而感到十分高興。

女人讚美女人的妙處，在於女人情感細膩，不僅關注的是她的外表，更關心她的生活、命運和情感。在讚美中，妳付出的僅僅只是幾句真誠的話語，卻有機會獲得大量的生活知識和真摯的同性或友誼，何樂而不爲呢。

做一個笨蛋

「大概吧」、「也許是這樣」、「可能吧」，這樣不確定的話語，那些精明的女人總是不肯使用，她們覺得這樣的話會影響到自己幹練的形象。但事實可不是這樣，這些話在外交辭令中是見得最多的。難道那些聰明的外交官們真的傻嗎？

每個外交部發言人都不會說絕對的話，要麼是「可能，也許」，要麼是含糊其辭，以便一旦有變故，可以有迴旋餘地，話不說絕對是一個人老練成熟的標準。

自以爲是的人容易把話說滿。總覺得自己的見解沒有錯，根本不容分辯，於是馬上蓋棺定論，不留餘地。可是，要知道杯子留有空間，是爲了輕輕晃動時不會把液體溢出來；氣球留有空間，是爲了不會因輕微的擠壓而爆炸；

人說話留有空間，是爲了防止「例外」發生而讓自己下不了台。

某公司新研發了一個項目，老闆將此事交給了下屬紅紅，問她：「有沒有問題？」她昂著頭回答說：「沒問題，放心吧！」

過了三天，沒有任何動靜。老闆問她進度如何，她才老實說：「沒有想像中那麼簡單！」雖然老闆示意她繼續努力，但對她曾經的信誓旦旦已經開始懷疑。人人都討厭空話大話連篇的人，吹得天花亂墜，實際行動卻不見幾分，難免讓人覺得妳華而不實，難以信任。不如低調一點，做的比說的多，多幹活兒少說話，用實際行動證明自己的價值。

把話說得太滿、太大，就像把杯子倒滿了水，再倒就溢出來了；也像把氣球灌飽了氣，再灌就要爆炸了。不如留有一點餘地，自己何時都能從容轉身。當然，也有人話說得很滿，而且也做得到，即使這樣，說滿話也不可取，畢竟，謙虛一些能留給人美好的印象，而一味拍胸脯，總是讓人覺得妳不夠穩重。何況，凡事總有意外，使得事情產生變化，而這些意外並不是人人能預料的，話不要說得太滿，就是爲了容納這個「意外」。

在做事的時候，對別人的請托可以答應接受，但最好不要「保證」，應代以「我盡量，我試試看」的字眼；上級交辦的事當然要接受，但不要說「保證沒問題」，應代以「應該沒問題，我全力以赴」之類的字眼，這是爲萬一自己做不到所留的後路，而這樣說事實上也無損妳的誠意，反而更顯出妳的謹愼，別人會因此更信賴妳，即便事沒做好，也不會太責怪妳。

用不確定的詞句可以降低人們的期望值，妳若不能順利地做成某件事情，人們因對妳期望不高，最後總能諒解妳，而不會對妳產生不滿，有時他們還會因此而看到妳的努力，不會全部抹煞妳的成績；如果妳能出色地完成任務，他們往往喜出望外，這種增值的喜悅會給妳帶來很多好處。

話不說滿也表現在不要對他人太早下評斷，像「這個人完蛋了」、「這個人一輩子沒出息」之類，浪子還有回頭的時候，人一輩子很長，變化還很多，妳怎麼能憑主觀就評定別人的一生？

無論何時，我們說話的時候都要提醒自己，別說太滿，多用一些有迴旋餘地的話，使自己可進可退，這好比在戰場上一樣，進可攻，退可守。這樣有了牢固的後方，出擊對方，又可及時地退回，自己依然處於主動的地位。這樣雖然不能保證自己就一定會是處於戰無不勝的地位，但是至少可以保證自己不會敗得一塌糊塗。所以，妳需要注意以下幾點：

1話不要說過了頭，違背常情常理

事物都有自己存在的道理，人事也有自己存在的情理。說話時，如果違背了常情常理，就會給別人留下把柄。因此，在談話時，要記住話不要說過了頭，違背了常情常理。聽聽兩位推銷員對同一商品的介紹。她們推銷的是同一款產品：襪子。第一位推銷員隨手拿起一隻襪子，緊接著她又拿起打火機，在襪子下面輕快晃動，火苗穿過襪子，而襪子也未受到損傷。在她一番介紹之後，襪子在顧客手中傳看。一位顧客要用打火機燒，急得推銷員趕忙補充說：「襪子並不是燒不著，我只是證明它的透氣性好。」最後大家終於明白怎麼回事，襪子的質量沒的說，但當時氣氛明顯地影響了顧客的消費情緒。

而第二位推銷員，也是一邊說一邊演示，不過她注意到了科學性介紹，一番介紹說得非常周到。她是這樣說的：「當然，在任何事物都有它的科學性，襪子怎麼會燒不著呢？我只是證明它的透氣性好，它也並不是穿不破，就是鋼也會磨損的。」這番介紹沒有給天性愛挑剌的顧客留下可乘之機。接下來，她一邊給大家傳看襪子，一邊講解促銷的優惠價格，銷售效果明顯好於前一位推銷員。

2 話不要說得太絕對

人們考慮問題都喜歡來個相對思考，也許是愛因斯坦的「相對論」深入人心的緣故吧。對於絕對的東西，在心理上有一種排斥感。比如，當妳斬釘截鐵地說：「事實完全就是這個樣。」此時在別人心裡會有疑問：「難道真的一點也不差？」也許妳表達的是事實。可是他心裡老是琢磨「難道一點也不差」的時候，他對妳的話語的領悟就會有點捨本逐末了。倒不如這樣說：「事實就是這個樣子。」

因此，在談話時，即便是我們絕對有把握的事，也不要把話說的過於絕對，絕對的東西容易引起他人的挑剌。而現實是，如果對方有意挑剌，還真能挑出剌來。與其給別人一個挑剌的借口，不如把話說的委婉一點。同時，如果我們不把話說得絕對，我們還可以在更為廣闊的空間與對方周旋。

3話要說得圓潤

當我們為了某個目的與他人談話時，話就要說的圓潤一些，話說得太直，會激惱對方，即便是理在己方。說的圓潤一點，能給我們留下一定的迴旋餘地，從容地達到我們談話的目的。

某家賓館的服務員，發現客人馬先生在結賬後仍然住在房間，而這位馬先生又是經理的親戚，怎麼辦呢？如果直接去問馬先生何時起程，就顯得不禮貌，但如果不問，又怕馬先生賴賬。

於是一位善於談話的公關部小姐敲開了馬先生的房門，說道：「您好！您是馬先生嗎？」

「是啊！您是？」馬先生回答說。

「我是公關部的，您來幾天了，我們還沒有來得及來看您，真是不好意思。聽說您前幾天身上不舒服，現在好點了嗎？」

「謝謝您的關心，好多了。」

「聽說您昨天已經結賬，今天沒有走成，這幾天，天氣不好，是不是飛機取消了？您看我們能做點什麼！」

「非常感謝！昨晚結賬是因爲我的表哥今天要返回，我不想賬積得太多，先結一次也好，大夫說，我的病還需要觀察一段時間。」

「馬先生，您不要客氣，有什麼事只管吩咐好了。」

「謝謝！有事我一定找妳們。」

我們看，這位公關小姐去找客人談話，目的是要弄清楚，到底是走還是不走？如果不走，就能清楚原因。但這個問題不好開口，弄不好既得罪客人又得罪經理。她的話說得非常圓潤，先是寒暄一下然後又問客人需要什麼樣的幫助，一副非常關心的表情，而使客人深受感動，不知不覺中就說明了原因。她的話語技巧就很高超，迴旋的餘地很大。

人們常說「話不要說滿，事不要做絕」當然是有道理的。把話說得太絕對是不理智的行爲。就比如，無論矛盾有多深，最好都不要說出「勢不兩立」之類的話，否則日後萬一有合作的機會，一定左右爲難，尷尬萬分。所以，把「可能」、「大概」、「也許」掛在嘴上的笨女人，倒是很懂爲人處世的大智慧，因爲「進可攻，退可守」才是成功的做人之道。

向敵人招手

「同意反對自己的人」，很傻是不是？可是兩千年以前，耶穌就是這樣告誡世人的：「盡快同意反對妳的人。」

在耶穌出生的兩千年前，埃及阿克圖國王，給了他兒子一些精明的忠告：圓滑一些，它可讓妳予求予取。如要使別人同意妳，請尊重別人的意見，切勿指出對方錯了。因爲人的心意不會因爲爭論而改變的。

而睿智的本傑明．富蘭克林也說：「如果妳老是爭辯、反駁，也許偶爾能獲勝；但那是空洞的勝利，因爲妳永遠得不到對方的好感。」十之八九，爭論的結果會使雙方比以前更相信自己是絕對正確的，妳贏不了爭論。要是輸了，當然妳就輸了；如果妳贏了，還是輸了。因爲妳傷了他的自尊，他會怨恨妳的勝利。

琳達是一家汽車公司的業務員，她脾氣直率暴躁，在她最初從事這項工作時，總是跟客戶爭吵，惹得客戶大為不滿。明明是一個可能要買她車子的客戶，但只因對她出售的車子說了幾句不中聽的話，她往往會就此勃然大怒，立即向對方發起攻擊。

有一次，琳達走進一位客戶的辦公室，當她作完產品介紹後，對方沒好氣地說：「我對那個牌子的汽車不感興趣，聽說它的質量有問題。它比我知道的另一個牌子的差遠了。妳的車子打五折我也不買。」

琳達大為惱火，立即對另一個牌子的汽車進行「狂轟亂炸」。可是，她越是數落，對方就越是誇它。

在同客戶的爭吵中，琳達大獲全勝的時候居多，她常常是一邊離開客戶的辦公室，一邊說：「我可把那傢伙教訓了一頓。」被她「教訓」了一頓的客戶會買她的車子嗎？當然不會！

琳達後來對她的同行說：「我費了多年的功夫，在生意上損失了無數的錢財後才最終懂得，爭辯是划不來的。而同別人換位相處來看問題，想法讓別人講出『對』，則能獲得更多的好處，也有意思得多。」

現在，她已經是這家汽車公司的明星業務員。她說如果現在走進客戶的辦公室，而對方說懷德卡車不好，白送都沒人要，還是何賽卡車好，他就會附和說何賽的卡車的確不錯。買他們的卡車絕對錯不了。何賽的車是優良公司的產品，業務員也相當優秀。這樣，客戶就無話可說了，沒有爭論的餘地，他只有住口。他總不能在琳達同意他的看法後，還說一下午何賽的車子最好。

接著他們不再談何賽，開始介紹懷德的優點。琳達也說，當年若是聽到他那種話，早就氣得不行了。她會開始挑何塞的錯，然後結果就是自己越批評別的車子不好，對方就越說它好。越是辯論，對方就愈喜歡競爭對手的產品。在過去的工作中花了不少時間在爭辯，但現在守口如瓶了。

實踐證明，果然有效。因此，妳自己要衡量一下：妳寧願要那樣一種表面上的勝利，還是別人對妳的好感？妳在爭論中可能有理，但要想改變別人的主意，妳就錯得使妳一切都徒勞。美國威爾遜總統任命的財政部長威廉·麥肯鐸，將多年政治生涯獲致的經驗，歸結爲一句話：靠辯論不可能使無知的人服氣。

人們總是想盡一切辦法去試圖在爭論中獲取勝利，互相怒吼或是攻擊，而忘卻了一條重要的法則：從爭論中獲勝的唯一祕訣是避免爭論。

無謂的爭論除了會破壞感情外，毫無意義。帶有偏執的、明顯攻擊性的爭吵，就像惡魔一樣，吞噬著兩人之間的感情。辯論雙方因固執地堅持自己的觀點而爭吵得面紅耳赤、難分勝負，往往爲芝麻大的事鑽牛角尖，結果兩敗俱傷。何必呢？退一步海闊天空，聰明的女人可不會爲了爭吵而放棄優雅，甘當潑婦。穗穗和丈夫傾全部心力買下一套三居室的房子。新房入住，穗穗想把剩下的錢全部投入裝修，弄得豪華一點；但丈夫覺得每天早上醒來，就想到欠銀行幾十萬按揭款，心裡會覺得不踏實，他的想法是裝修上簡潔乾淨就好，這樣手上留點現金也可以應付不時之需。兩口子各持己見，幾乎天天吵架。

吵到後來，內容已超出裝修檔次的問題，穗穗說：「妳這樣對未來沒有一點信心，還像個男人嗎？」丈夫則指責：「娶妳這樣一個揮金如土不知道過日子的老婆，哪天兩人都失業了，躺在豪華臥室喝西北風嗎？」買新房的喜悅蕩然無存。其實，穗穗和丈夫並不存在誰對誰錯，這問題應該很容易解決。天下沒有不吵架的夫妻，關鍵是會吵不會吵。有人會說，從沒見某對夫妻紅過一次臉、吵過一次嘴……沒有見過他們吵嘴，不等於他們真的沒有矛盾。很可能是他們掌握了爭吵的藝術，已經巧妙地在爭論之前解決了問題、避免了傷害感情的爭吵。其實，學會避免爭論、學會如何爭吵是協調夫妻關係中的一門藝術。

不要以爲美滿的婚姻就沒有矛盾，那是不切實際的。就像燒菜不能沒有鹽一樣，可以說，世界上沒有不爭吵的夫妻，倘若真發展到連爭吵的氣力和情調都沒有了，那也就意味著婚姻已經走到了盡頭。其實，夫妻學會爭吵藝術的過程，就是一個不斷磨合、不斷適應，感情不斷昇華的過程。

法國知名政治家布裡安曾說：「對自己而言，最重要的不是別人如何看待妳，而是妳如何去看待他們。」如果別人在生妳的氣，其中必然有原因。姑且不論是否是妳的錯，但妳必須先去安撫對方的憤怒。不論生氣的原因爲何，既然對方已對妳表示生氣，妳就絕對不宜置之不理或正面衝突。倘若事後對方恍然大悟，發覺妳是無辜的，那麼對於妳的寬容和氣度，必然會心悅誠服。相反的，倘若妳採取一味辯白的態度，爲了一時之氣，喋喋不休的爭論，便無異於火上加油，很可能陷入更難解決的地步。

所以，聰明的女人要記住，要想成爲爭論中的常勝將軍，就要懂得在不應該爭論的時候避免爭論、在不得不爭論的時候用妳智慧的語言和策略使得爭論成爲增進妳和對方感情的有效途徑。

委屈消化機

每個女人在沒結婚時，聽說「兩口子從沒紅過臉」之類相敬如賓的故事，覺得那太容易了，做到這個不費吹灰之力。結婚後，就覺得有點不可能。因為結婚後，男朋友變成丈夫，由「賓」變成「自己人」。對於自己人，相敬是自然，但卻不必刻意掩飾自己的情緒，對於自己人，生氣時大喊大叫、滿臉流淚也是人之常情。

花開花落，人生匆匆，相遇相愛相守是一段緣。日日相對，偶爾紅臉沒什麼，重要的是學會原諒，學會道歉。這是生活的藝術。

原諒往往容易做到，對方給了台階，拾級而下便是，道歉就難一些，因為要先開口。可是如果妳珍視婚姻，有的時候，妳就得先開口。其實，夫妻紅臉，為的都是雞毛蒜皮的小事，甚至有時都忘了為什麼吵架。既然是雞毛蒜皮的小事，就沒必要上綱上線，爭執不休。掌握吵架的火候，該原諒則原諒，該道歉則道歉，這是夫妻和睦相處的祕訣。

夫妻之間，生活在一個屋簷下，常常免不了產生一些矛盾，發生一些衝突。其中一方無疑是「肇事者」，負有責任。當錯誤出現之後，作爲女性應該有自我批評的勇氣，這是品質修養的重要內容。

品德高尚的人，心胸坦蕩，不掩飾自己的缺點和錯誤，勇於批評和自我批評；缺乏涵養的人，心胸狹窄，虛榮心強，不僅容不得別人的批評，而且也羞於做自我批評。

事實上，在夫妻矛盾中，主動認錯，不僅提高了對方的高貴感，而且妳本身也爲自己的品格高尚而快樂。

夫妻間應該學會自責，禁用指責。自責就是自我批評。人都有自我尊重的需要。當妳知道錯誤時，最好在別人指責之前，搶先認錯，這會使雙方都感到愉快。

自我批評比別人的指責好受得多。爲什麼呢？因爲自責本身，既承認了對方的自尊，又維護了自己的自尊。指責就不同。指責是對配偶的錯誤和缺點進行批評和責難，雖然是一片好心，對方往往不領情。爲什麼呢？因爲指責本身否定了對方的自尊，因而必會遭到「反抗」。所以，自責是解決矛盾、消除隔閡的最好辦法。

有的夫妻發生矛盾時，爲了保全面子，往往都不肯認錯。丈夫方面的原因，是「大男子主義」作怪，覺得放不下架子，「熊」在女人手裡，沒有了「大丈夫氣概」；妻子這方的原因，是虛榮心太強，有時明明知道是自己的錯誤，但寧願用行動來表示對丈夫的親近，嘴上也絕不說半個「錯」字。

因此，夫妻間發生了衝突，妻子要主動承擔責任。即使當時妳還不能肯定自己是否錯了，也最好先表示歉意；表示歉意時，一定要及時、認真，富有誠意，這樣做，丈夫一方面會顯得不好意思，另一方又充滿了對妳的敬佩和感激。

回過頭來，他會加倍地對妳施以報答。因爲妳滿足了他的虛榮和自尊。千萬不要把道歉的時間推遲到「以後」和「明天」，事後的道歉不會有多大效果。

原諒、道歉，聽上去多麼的平常，這樣老套的東西誰又不知道？可是，卻真的有很多夫妻斤斤計較於生活裡的得失對錯，糾纏不清，傷了愛人又傷了婚姻，與其如此，不如放棄記憶中的消極，向自己的另一半道聲歉。不再讓那些不快樂的記憶妨礙了夫妻間的親密關係。

莊子說「子非魚，安知魚之樂？」有資料說魚的記憶只有七秒，七秒之後它就不記得過去的事情，一切又都變成新的。

所以即使在那小小的魚缸裡它也永遠不覺得無聊，因爲七秒一過，每一個剛才游過的地方又變成了新的天地，於是魚可以永遠活在新鮮中。婚姻就像那小小的魚缸，我們如果選擇了要在這巴掌大的一方天地裡和另一個人相伴終老，不妨學學魚兒的健忘。

自己犯了錯誤，心裡不好受，臉上掛不住，想道歉的確很難。但是，妳要知道，不道歉損失更大，也許會失去更多。當妳鼓起勇氣面對現實，不再倔強，真心承認自己的過錯，會發現，其實認錯對消除宿怨、恢復感情有很好的效果。

一七五四年，華盛頓還是一位上校，率領部下駐守在亞里山大裡亞。有一次選舉弗吉尼亞議會議員時，一名叫威廉・佩思的人反對華盛頓支持的候選人。

據說，華盛頓與佩思在選舉問題上產生了激烈的矛盾，華盛頓說了一些冒犯佩思的話，佩思把華盛頓一拳打倒在地，華盛頓的部下一下子都趕了過來，準備替他們的長官報仇，華盛頓當場阻止，並勸他們返回了營地。

第二天早上，華盛頓派人送來一張便條，要求佩思盡快到一家小酒店去。

佩思如約到來，準備進行一場決鬥。令他感到意外的是，他看到的不是華盛頓的槍，而是酒杯。

「佩思先生，」華盛頓說，「犯錯誤是人之常情，糾正錯誤是一件光榮的事。我相信我昨天是不對的，妳已經在某種程度上得到了補償。如果妳認為這件事到此為止可以解決了的話，那麼請握住我的手，讓我們乾一杯吧！」

從此以後，佩思成了堅決擁護華盛頓的人。

主動邁出一步，向對方示好，不但顯示了自己的氣度，而且還使雙方的關係更加親密。外人況且如此，更何況是感情親密的兩個人呢？

婚姻裡的風風雨雨，吹打得別人，就唯獨吹打不得妳嗎？妳當然會有一點小委屈，但作爲相敬如賓的夫妻，是不是應該忘掉這點小委屈，並給妳的愛人道個歉呢？如果妳是這樣做得，妳的愛人也一定會感到妳的委屈，並會理解妳，妳們的關係會更加和諧的。

兩個人在一起，磕磕碰碰、是是非非躲不開，但並非所有是非都值得妳去爭個所以然，因爲當規則和感情糾纏在一起時，便不再是規則了。可依然有那堅信自己正確的妻子，一定要以邏輯思維在感性衝突上尋找答案，這種做法是愚蠢的。

對注定沒有結論的是非，最有效率的處理就是忘卻。不然總在心裡記著，忍不住就會拿出來盤點一番。這時也許對方會道歉，但是妳要把他的忍讓包容解讀成低頭認罪，可就屬於不懂風月了。

GOOD CHOICE 大大的享受拓展視野的好選擇

女人的幸福投資學

人生視野系列 25

當妳能微笑走向世界，追尋幸福的時候，所有的艱辛和磨難非但無法將妳打倒，反而都將化作一塊塊讓妳能更加平穩前進的踏腳石。

當一個人能以微笑勇敢面對困難，命運最終也會還給他一抹微笑。

女人的幸福管理學

人生視野系列 26

在人生道路上，或許荊棘叢生，或許障礙重重，可是所有的一切都是可以戰勝的，關鍵在妳是否具備了戰勝它們的決心。

影響我們人生的絕不是環境，也不是遭遇，而是我們本身的性格，每個人的性格或多或少都存在著缺陷。

妳會發現幸福的感覺比璀璨的鑽石要明亮溫暖得多。表面的光鮮可以照亮別人的眼，但是溫暖自己的心才是更重要的。

女人的幸福無法賒帳

人生視野系列 27

納爾遜．曼德拉曾經說過：「保持低調並不會有功於世道。如果你擔心別人感到不安全而刻意抑制自己，那不會有任何好處。」他說得很對，妳應該盡情展現自己超凡出眾之處，樂於做一名展現自己魅力的女人。這是一門藝術，要掌握這門藝術，必須主動擺脫對自己的懷疑，認識到自己內在的天賦。

GOOD CHOICE 大大的享受拓展視野的好選擇

被嘲笑不可怕，可怕的是連自己都不知道

心靈典藏系列 06

不管你的處境如何，都要懷有一個美好的願望，不斷努力去改變自己。也許，你不能實現所有的夢想，但是，你的生活會因你的努力而變得更加美好，更加精彩。如果一個人沒有目標，就只能在人生的旅途上徘徊，永遠到不了想去的地方。

「我們會成為什麼樣的人，會有什麼樣的成就，就在於先做什麼樣的夢」有了夢想，制定出明確的目標，才能成為你想成為的人。

當我們擁有愈多，付出竟然愈少

心靈典藏系列 07

許多生活中的錯誤，都是由「理所當然」造成的。

不要對別人求全責備，要懷有感恩的心，感激別人對你提供的一切方便。想保持自己的幸福和喜悅，就必須與別人分享美麗，與大家共同培植幸福。

在別人有困難時伸出手拉他一把，也許是為自己的前途鋪平道路。

不管遇到什麼情況，先不要輕易的責怪別人。

唯一真正需要改變的，只有自己

心靈典藏系列 08

生命歷程往往像小河流一樣，想要跨越生命中的障礙，達成某種程度的突破，向理想中的目標邁進，需要有「放下自我」的勇氣，邁向未知的領域。

為了達成目的，有時我們要懂得變通，懂得順應潮流，才能找到一條生存之道。學會靈活跨越生命中的障礙是非常重要的。

生命裡的放過

正面思考系列 32

生命中有許多東西是需要放過的。

放過是一種境界，是一種高度。

放過，有時是為了求得一份心靈的安寧，有時是為了獲得一個更廣闊的天空。曾經的幸福與傷痛都可以成為心靈的珍藏。

輸得起才能贏得更多掌聲

正面思考系列 33

你的態度決定你的選擇，你的選擇決定你的人生。

第一次犯錯誤叫做不知道，第二次犯錯誤叫做不小心，第三次犯錯誤叫做不可原諒。

如果說我能夠看得更遠，那是因為我站在了巨人的肩膀上！

工作和生活是雙贏的，而不是對立的。

別老往死胡同裡鑽

正面思考系列 34

「只有想不到，沒有做不到。」

自信是成功的第一步。

要相信自己，不能讓別人的看法左右自己。

當你學會推銷自己，你幾乎就能夠推銷任何有價值的東西。

思路決定出路，觀念決定貧富。

謝謝您購買＿＿＿＿＿＿＿＿這本書！

請詳細填寫本卡各欄，對折黏貼寄回。歡迎加入會員可享有購書優惠價，並可不定期收到本出版社之最新資訊。

您也可以使用傳真或是掃描圖檔寄回本公司信箱，謝謝。

傳真電話：（02）8647-3660　信箱：yungjiuh@ms45.hinet.net

☺ 姓名：＿＿＿＿＿　□男　□女　□單身　□已婚

☺ 生日：＿＿＿＿＿　□非會員　□已是會員

☺ E-Mail：＿＿＿＿＿　電話：（　）＿＿＿＿

☺ 地址：＿＿＿＿＿＿＿＿＿＿

☺ 學歷：□高中及以下　□專科或大學　□研究所以上　□其他＿＿＿

☺ 職業：□學生　□資訊　□製造　□行銷　□服務　□金融
□傳播　□公教　□軍警　□自由　□家管　□其他＿＿＿

☺ 您購買此書的原因：□書名　□作者　□內容　□封面
□版面設計　□其他＿＿＿

☺ 建議改進：□內容　□封面　□版面設計　□其他＿＿＿

您的建議：＿＿＿＿＿＿＿＿＿＿

廣告回信
基隆郵局登記證
基隆廣字第 57 號

新北市汐止區大同路三段一九四號九樓之一

大拓文化事業有限公司收

請沿此虛線對折免貼郵票，以膠帶黏貼後寄回，謝謝！

想知道大拓文化的文字有何種魔力嗎？

- 請至鄰近各大書店洽詢選購。
- 永續圖書網，24小時訂購服務
  www.foreverbooks.com.tw
  免費加入會員，享有優惠折扣
- 郵政劃撥訂購：
  服務專線：(02)8647-3663
  郵政劃撥帳號：18669219